De Nietzsche à Heidegger :
l'écriture spéculaire en philosophie

5-7, rue de l'École-polytechnique ; 75005 Paris

http://www.librairieharmattan.com
diffusion.harmattan@wanadoo.fr
harmattan1@wanadoo.fr

ISBN : 978-2-296-54463-5
EAN : 9782296544635

Serge BOTET

De Nietzsche à Heidegger : l'écriture spéculaire en philosophie

L'Harmattan

Ouverture philosophique

Collection dirigée par Aline Caillet, Dominique Chateau, Jean-Marc Lachaud et Bruno Péquignot

Une collection d'ouvrages qui se propose d'accueillir des travaux originaux sans exclusive d'écoles ou de thématiques.

Il s'agit de favoriser la confrontation de recherches et des réflexions qu'elles soient le fait de philosophes "professionnels" ou non. On n'y confondra donc pas la philosophie avec une discipline académique ; elle est réputée être le fait de tous ceux qu'habite la passion de penser, qu'ils soient professeurs de philosophie, spécialistes des sciences humaines, sociales ou naturelles, ou… polisseurs de verres de lunettes astronomiques.

Dernières parutions

Philibert SECRETAN, *Réalité, pensée, universalité dans la philosophie de Xavier ZUBIRI*, 2011.
Bruno EBLE, *Le miroir et l'empreinte. Spéculations sur la spécularité*, I, 2011.
Bruno EBLE, *La temporalité reflétée. Spéculations sur la spécularité*, II, 2011.
Thierry GIRAUD, *Une spiritualité athée est-elle possible ?*, 2011.
Christophe SAMARSKY, Le Pas au-delà *de Maurice Blanchot. Écriture et éternel retour*, 2011.
Sylvie MULLIE-CHATARD, *La gémellité dans l'imaginaire occidental. Regards sur les jumeaux*, 2011.
Fatma Abdallah AL-OUHIBI, *L'OMBRE, ses mythes et ses portées épistémologiques et créatrices*, 2011.
Dominique BERTHET, *Une esthétique de la rencontre*, 2011.
Gérald ANTONI, *Rendre raison de la foi ?*, 2011.
Stelio ZEPPI, *Les origines de l'athéisme antique*, 2011.
Lucien R. KARHAUSEN, *Les flux de la philosophie de la science au 20e siècle*, 2011.
Gérald ANTONI, *Rendre raison de la foi ?*, 2011.
Pascal GAUDET, *L'anthropologie transcendantale de Kant*, 2011.

Présentation

Avant d'exposer les principales thèses qui justifient ce que suggère le titre de la présente étude, nous proposerons certains préalables méthodologiques sans lesquels notre lecture des œuvres philosophiques, qui se veut novatrice, serait difficilement compréhensible. D'une façon générale, notre travail porte sur l'écriture philosophique au sens large, plus spécialement en tant que cette écriture est le support de signifiances philosophiques[1]. Autrement dit, notre objectif n'est pas simplement l'étude du style des philosophes sans lien avec leurs doctrines, mais l'étude de l'articulation de ces dernières dans des types spécifiques d'écritures qui, loin d'être accessoires, sont *constitutifs* de ces doctrines. L'objectif est en somme l'étude conjointe du « fond » et de la « forme » du discours philosophique, sachant que cette « forme », si elle est largement prise en compte dans l'étude du texte littéraire, est le plus souvent considérée comme assez *accessoire* en philosophie. L'opposition classique entre forme et fond est déjà en soi suffisamment parlante à ce propos : le fond est essentiel ; la forme est plus ou moins accidentelle. Cela est sans doute plus vrai encore en philosophie. C'est ici l'idée qui *prime* ; l'écriture, elle, *exprime*. Son rôle est fatalement second, ou du moins considéré comme tel. L'existence même de ce volet de la philosophie qualifié d'« histoire des idées » en est la preuve ; il est rarement question de l'écriture ou de la formulation de ces idées. Bref, le

1 Nous revenons sur cette notion.

« dire » de la philosophie est traditionnellement une sorte de *point aveugle*.

Bien sûr, nous n'entendons cela qu'en termes de *tendances*. Nombreux sont les philosophes pour lesquels doctrine et formulation furent indissociablement liées. Citons par exemple Descartes, dont la « Méthode » est impensable sans le récit de vie autobiographique qui en souligne les étapes[2]. Comme on l'a également montré, le même Descartes utilise dans ses *Méditations* la pluralité référentielle du déictique « je » pour construire au fil du texte - et faire participer didactiquement le lecteur à cette lecture du texte - un « je » générique qui constitue lui-même par étapes l'universalité du « je pense »[3]. Finalement Descartes n'a-t-il pas (est-ce un hasard ?) exposé des thèses sensiblement similaires de deux façons différentes dans le *Discours* et dans les *Méditations* ? Dans ce registre, on pourra également citer l'exposé *more geometrico* de Spinoza dans son *Ethique*. Comme l'énonce F. Cossuta, l'exposition géométrique retenue par Spinoza (divisions et subdivisions en paragraphes renvoyant les uns aux autres de façon synoptique) permet plusieurs lectures échelonnées qui se réfèrent étroitement à des moments précis de la doctrine débouchant sur le

---

2 Cf. par exemple, Frédéric Cossuta : « Argumentation, ordre des raisons et mode d'exposition dans l'œuvre cartésienne », *Descartes et l'argumentation philosophique,* Paris, Bordas, 1996, p. 111-185.

3 Magid Ali Bouacha écrit en conclusion de l'analyse qu'il fait de ce phénomène : « Les méditations peuvent ainsi se lire comme le lieu discursif où se joue la transformation de la première personne, passant du simple marquage indiciel au rang de catégorie conceptuelle » (« De l'*Ego* à la classe des locuteurs : lecture linguistique des Méditations », in : *Langages n° 119, L'analyse du discours philosophique*, Paris, Larousse, septembre 1995, p. 79-94).

vrai. L'une et l'autre doctrine gèrent respectivement leur « forme » en fonction de leur teneur philosophique, à savoir la *transcendance* du sujet pensant chez Descartes, l'*immanentisme* de la substance chez Spinoza. D'autres exemples pourraient être trouvés aisément, y compris en remontant jusqu'aux origines grecques de la philosophie occidentale, avec Parménide ou des philosophes plus tardifs ; Platon, dont les « dialogues » viennent spontanément à l'esprit dans ce contexte, constitue pour nous un cas assez particulier sur lequel nous reviendrons dans la suite.

Mais à notre sens, ces isomorphismes entre fond et forme, si significatifs fussent-ils, ne remettent pas foncièrement en question le primat de l'idée sur l'expression qui marque l'histoire des idées. Même si l'on ne peut dénier aux philosophes susmentionnés un degré parfois significatif de « conscience » des formes, il nous semble que c'est à une philosophie plus tardive que revient le mérite d'avoir porté un véritable regard *spéculaire* sur sa propre activité consistant à philosopher et à écrire de la philosophie. Cette orientation fut d'ailleurs contemporaine d'un certain scepticisme ambiant vis-à-vis de la langue et du langage, dont on interrogea de plus en plus les limites, tout en exploitant leurs ressources suggestives. On ne peut rien dire de vraiment nouveau avec des mots usés, et surtout, on ne peut parler de l'être et laisser de côté le « dire » de l'être. Des philosophes comme *Nietzsche* et *Heidegger* eurent, à notre avis, une conscience aiguë de cette aporie qui les mit pour la première fois en *rupture* radicale avec la tradition du primat de l'idée.

Nous nous efforçons de montrer dans cette étude que l'un comme l'autre auraient certainement voulu se passer du langage, le premier pour manifester la *volonté de puissance*, le second pour manifester la *différence* être / étant, l'ouverture de l'étant à son être. Mais comme alternative à la parole, il n'y a que le silence, et le silence est synonyme de vide philosophique. Si langue et langage sont donc un passage forcé, ils sont interrogés et explorés par le philosophe avec une acuité d'autant plus grande qu'ils sont considérés comme des moyens inadéquats. Aux limites du dicible et du communicable, la langue et le langage, particulièrement ceux que la tradition philosophique a forgés, sont des obstacles. L'objectif du philosophe sera donc de les « pervertir », de les détourner de leurs fonctions, et, presque paradoxalement, d'exploiter les ressources insoupçonnées qu'ils recèlent.

C'est ainsi que nous proposons l'hypothèse que Nietzsche mobilise le potentiel *dynamique* du *discours*, aspirant à dynamiser sa philosophie, à rendre en quelque sorte sa philosophie de la vie elle-même plus « vivante ». Nietzsche, le « généalogiste », le proclamateur d'une sorte de panvitalisme régi de part en part par la volonté de puissance, était, à nos yeux, susceptible de considérer également sa propre philosophie comme un « acte vital ». De là, le philosophe avait pu tenter de transmettre ce qui était pour lui fondamental, à savoir la « vie » ou « volonté de puissance », autrement qu'au moyen de concepts, à savoir au moyen de signifiances données à décrypter au lecteur, ces signifiances étant en l'occurrence des signifiances *discursives*, relevant de la dynamique de la production / formulation / communication du message au sens le plus large. L'hypothèse était d'autant plus alléchante que la *défiance* de Nietzsche à l'égard du *concept* est bien connue. De même, l'idée d'une co-construction du sens impliquant à la fois et l'auteur et le lecteur (qui sont des paramètres relevant du discours) ne paraissait pas a priori trop déplacée au regard du *panvitalisme* du philosophe.

C'est ainsi également que nous proposons l'hypothèse que Heidegger - dont la « parenté » avec Nietzsche est bien connue - utilise lui aussi à des fins philosophiques des signifiances discursives, mais surtout des signifiances liées à la *syntaxe* de la langue allemande et aux *structures textuelles*, afin de leur faire « dire » au plus près la différence ontologique, l'ouverture de l'étant à son être. De fait, l'ensemble du parcours de Heidegger atteste une *focalisation* sur la langue comme pierre de touche de l'ontologie (onto/logie), de même que la volonté de trouver justement dans la langue et le langage l'ouverture que ce même langage (notamment le langage métaphysique inféodé aux représentations spatiales) avait empêchée, causant le renoncement bien connu du philosophe à l'ontologie fondamentale (renoncement à la troisième partie programmée de *Sein und Zeit*). En somme, l'ontologie de la langue (onto-logie) serait la radicalisation extrême d'une démarche, peut-être initiée par la phénoménologie, tendue sans relâche vers l'ouverture, et dont l'expression dernière est la différence ontologique, différence ontologique que Heidegger tentait - comme il l'affirmait lui-même - de porter au langage[4]. Il convenait

4 Le traitement de la notion centrale d'*« Unter-Schied »* dans *Die Sprache*, mais aussi dans bien d'autres écrits, les efforts que déploie Heidegger pour l'inscrire dans la langue, en sont un indice frappant.

donc de se demander si - face aux limites du langage et à l'image de phénomènes déjà connus (comme la fameuse biffure scripturale de l'« être ») - le philosophe dans sa quête n'avait fini par solliciter, là encore, des signifiances non conventionnelles, mettant en l'occurrence à contribution prioritairement le texte et ses structures.

Problèmes de méthode

Notre méthode, axée sur l'analyse détaillée du texte, de ses structures et des processus discursifs qui le sous-tendent, étant assez spécifique et peu habituelle en philosophie, cette méthode faisant, par ailleurs, partie intégrante de notre approche philosophique de Nietzsche et de Heidegger au point d'être indissociable des thèses que nous formulons, nous nous permettrons d'en décrire assez précisément les lignes de force. Les spécificités méthodiques propres à chacune des deux grandes parties de ce chapitre seront mentionnées au fil du texte.

1. La notion de « signifiance »

Dans son livre *L'homme de paroles*, Claude Hagège parle, de « signifiance » quand il ne s'agit ni de signification, ni de sens « phénomène propre au texte comme combinaison de signes dans une situation donnée de parole »[5], mais de phénomènes échappant au codage caractérisé par un consensus explicite. Les *signifiances*, à la différence des significations, ne *dénotent* pas une réalité extralinguistique précise (concrète ou abstraite) qu'il est convenu de dénoter de cette façon dans telle ou telle communauté linguistique ; elles ne font que *connoter* une

5 Claude Hagège, *L'homme de paroles, contribution linguistique aux sciences humaines*, Paris, Folio Essais, 1985, p. 293.

telle réalité, la suggérant de manière détournée par le biais d'associations, aussi bien au niveau de la production du message (encodage), qu'au niveau de sa réception (décodage). Autrement dit, une signifiance ne désigne rien directement, elle suggère indirectement quelque chose par le biais de l'*interprétation.* Par corollaire, à la différence d'une signification, qui est un investissement sémantique relativement stable, généralement supporté par un lexème répertorié, une signifiance peut s'investir dans toutes sortes d'*éléments*, de *structures*, ou même de *configurations actantielles* qui sont *a priori* dépourvues de sens, ce sens étant précisément surimposé par l'interprétation à ces supports non signifiants en soi.

Dans notre optique consistant à chercher à dégager de l'œuvre de Nietzsche et de Heidegger des signifiances philosophiques, tout le problème était de prévenir les dérives interprétatives et d'éviter de « plaquer » sur le texte un sens totalement arbitraire. Sans vouloir nous engager dans des considérations trop théoriques, nous faisons ici un bref rappel de la position de Umberto Eco, exposée dans son ouvrage *Les limites de l'interprétation*. Tout en soulignant la part inévitablement subjective que comporte toute interprétation, Eco développe l'idée qu'une interprétation est bonne (le moins arbitraire possible) lorsqu'elle est corrélative d'une *économie* interprétative raisonnable, c'est-à-dire lorsqu'elle est étayée par une quantité et une convergence suffisante de *régularités et récurrences* observées dans le texte même[6]. La construction de la signifiance, étayée sur le cumul et la convergence des informations non explicites fournies par

6 Cf. Umberto Eco, *Les limites de l'interprétation*, traduit de l'italien par Myriam Bouzaher, Paris, Bernard Grasset, Biblio / Essais, 1992.

le texte, doit au final permettre une *lecture cohérente* de ce texte sur fond de philosophie. Précisons enfin que, du fait que les signifiances peuvent s'investir dans toutes sortes de supports textuels et discursifs (lexique, tropes, syntaxe, etc.), il était absolument indispensable de délimiter un domaine d'investigation. Dans le *Zarathoustra* de Nietzsche, nous avons interrogé les signifiances relevant du *domaine discursif* au sens large, c'est-à-dire de la dynamique de la production / formulation / communication du message. Dans le texte de Heidegger *Die Sprache* (*La parole*) extrait de *Unterwegs zur Sprache* (*Acheminement vers la parole*), nous avons focalisé notre attention sur les *signifiances structurelles* (mais sans exclure ce qui relève du discours).

2. Discours « fondateur » et discours « constituant »

Concernant notre méthode d'investigation, une autre notion-clé est le concept de discours « fondateur » / discours « constituant » développé par Cossuta[7] / Maingueneau[8]. Nous n'avons retenu qu'une partie des critères assez complexes proposés par les auteurs pour définir ces notions : nous qualifions de « fondatrices » les caractéristiques visant - de manière « externe » - à

---

7 Frédéric Cossuta, *Eléments pour la lecture des textes philosophiques*, Paris, Bordas, 1989.

8 Dominique Maingueneau, « L'énonciation philosophique comme institution discursive », in : Langages n° 119, *l'analyse du discours philosophique*, *op. cit.*, p. 40-62.

positionner le discours comme « archidiscours » dans l'ensemble de tous les discours possibles (interdiscours), à mettre en quelque sorte ce discours en *surplomb* de tous les autres. Quant aux caractéristiques du discours dites « constituantes », ce sont celles qui entretiennent des rapports « internes » avec la doctrine, à savoir que cette doctrine *projette sa spécificité* dans la manière dont elle produite, formulée et communiquée.

Pour illustrer cela, nous proposerons un seul exemple assez parlant, même s'il n'a a priori que peu de rapport avec nos auteurs, tout au moins avec Nietzsche : l'existentialisme. Une caractéristique « doctrinale » bien connue de l'existentialisme est que toute théorie est coextensive à l'existence prise comme *totalité* : l'essence se confond avec l'existence. Il n'est donc pas surprenant que la production et la communication du discours existentialiste fonctionnent elles aussi sur un mode totalisant. De là, l'existentialisme investit toutes les sphères de l'existence ; on philosophe aussi bien en écrivant des pièces de théâtre, des romans ou des traités, qu'en devenant journaliste ou acteur de la vie politique, ou encore en adoptant une attitude et un mode de vie existentialistes (fréquentation des cafés, etc.). En somme, l'existentialisme fonde sa légitimité dans l'interdiscours en investissant tous les autres discours, ce qui est finalement une façon de se positionner « en surplomb » de ces derniers ; c'est en ce sens que nous parlons de *discours fondateur*.

Quant à la formulation de ce même discours existentialiste, il est indéniable qu'elle entretient des rapports internes avec la doctrine. Toujours très schématiquement : c'est parce que l'existentialisme est une philosophie du sujet et de la liberté qu'il s'écrit si souvent en première personne ; « c'est ce sujet, que j'ai à être », écrit Sartre à plusieurs reprises dans *L'Etre et le Néant*[9]. Pourtant ce n'est pas de Sartre qu'il s'agit, mais d'un sujet universel. Simplement, ce sujet-là ne peut se dire qu'en première personne ; l'idée à exprimer impose un *certain mode* énonciatif. De même, c'est parce qu'il privilégie le vécu par rapport à la théorie, que l'existentialisme s'expose sous forme de *récit* narrativisé, etc. Bref, la doctrine *informe* le discours, qui fait lui-même *écho* à la doctrine. C'est en ce sens que nous parlons de *discours constituant.*

Cossuta et Maingueneau énoncent donc en substance que la philosophie (bien qu'elle prétende souvent le faire) ne se fonde et ne se constitue pas seulement à travers les contenus explicites qu'elle expose, elle se fonde et elle se constitue aussi à travers des procédés discursifs *a priori* non signifiants ou non déclarés l'être, et dont se dégagent pourtant à l'analyse ce qui semble correspondre à ce que nous avons appelé (bien que Cossuta / Maingueneau n'utilisent pas le terme) des « signifiances », qui peuvent elles-mêmes être vecteurs de philosophèmes.

3. Difficultés et solutions

Cela dit, en l'appliquant à nos auteurs de référence, nous nous sommes rendu compte à quel point cette notion de signifiance pouvait poser de graves problèmes sur le plan heuristique. La position de Cossuta / Maingueneau

9 *L'Etre et le néant, essai d'ontologie phénoménologique*, Paris, Gallimard, 1943.

semble impliquer que tout discours philosophique se fonde et se constitue à travers une discursivité latente que, la plupart du temps, il ignore. Si tel est le cas, c'est donc à son corps défendant, à son insu même, qu'un tel discours, radiographié par l'analyse du discours philosophique, livrerait les « signifiances » qui permettent justement de l'identifier comme fondateur et constituant. Autrement dit, il serait possible que les signifiances n'apparaissent qu'au décodage, sans avoir été délibérément encodées. Dans la terminologie de U. Eco, ces signifiances relèveraient donc non de l'intention de l'auteur, qualifiée d'*intentio auctoris*, mais plutôt d'une *intentio lectoris* qui viendrait s'ajouter à la première pour lui faire dire ce qu'elle ne veut pas dire nécessairement, ou encore d'une *intentio operis*[10] postulant une sorte d'autarcie du message philosophique, la forme discursive dégageant de façon automatique et par elle-même (indépendamment de l'intention de l'auteur et du lecteur) des signifiances idoines aux contenus véhiculés.

Sauf à considérer l'analyste du discours comme le véritable philosophe et prôner la suprématie (qu'il faudrait à son tour justifier !) d'une *métaphilosophie* sur la philosophie elle-même, la question se posait donc de savoir s'il fallait aussi considérer ces « signifiances non-intentionnelles », construites après coup, comme de véritables philosophèmes, puisqu'elles ne sont pas censées avoir été voulues au départ par le philosophe.

Disons-le clairement : notre objectif n'était pas celui des analystes du discours philosophique, du moins pas pour autant qu'ils entendent « supplémenter » le travail du

10 *Les limites de l'interprétation, op. cit.*

philosophe. Au demeurant, comme le suggère la notion d'*intentio operis* de Eco, on ne peut exclure qu'une doctrine philosophique (forme du contenu) puisse dans une certaine mesure conditionner les modalités de sa production / formulation / communication (forme de l'expression), sans aucune intention délibérée de l'encodeur ou du décodeur. En ce sens, la position de l'analyse du discours philosophique par rapport à la philosophie elle-même devient plus « tenable » : il ne s'agit pas d'adopter vis-à-vis de la philosophie en général une attitude dominante et conflictuelle (métaphilosophie), mais d'éclairer ses zones d'ombre et ses non-dits, tout en restant en phase avec elle. Tel était précisément notre objectif.

Mais notre paradigme étant au final un paradigme philosophique où le philosophe est présumé plus ou moins « maître de son discours », notre hypothèse de départ était surtout que Nietzsche et Heidegger avaient eux-mêmes *programmé* les signifiances que l'analyste du discours (que nous étions nous même en l'occurrence) pouvait déchiffrer dans ses écrits. Si la philosophie « classique » est « histoire des idées » et si elle est en quelque sorte aveugle ou indifférente à sa propre discursivité, si les signifiances que l'analyste du discours philosophique peut y décrypter relèvent donc la plupart du temps de l'*intentio operis* (ou dans le pire des cas de l'*intentio lectoris*), nous cherchions pour notre part à démontrer que les signifiances nietzschéennes et heideggeriennes relevaient, elles, pleinement de l'*intentio auctoris*. Avec le *Zarathoustra* de Nietzsche, avec les écrits du dernier Heidegger *a fortiori,* le discours philosophique cessait justement d'être aveugle à lui-même, mieux : ce discours véhiculait des signifiances qui étaient des *philosophème à part entière*, peu ou peu précisément identifiés jusque-là.

Certes, malgré ces précisions méthodologiques, nous sommes conscient que les questions demeurent : par qui ou quoi, et dans quelle mesure exacte, ces signifiances sont-elles construites (encodeur / décodeur / caractéristiques intrinsèques de la doctrine) ? Autant d'interrogations auxquelles on peut seulement répondre (mais auxquelles il faut tout de même répondre) en termes de *plausibilité* et de *tendances*, à partir d'indices convergents et cumulatifs.

Nous aborderons successivement dans cette optique le texte de Nietzsche et le texte de Heidegger, avant de procéder à une synthèse finale où nous tenterons de recenser les convergences et divergences caractérisant l'écriture philosophique des deux auteurs, tout particulièrement au regard du phénomène « spécularité ».

I. Le *Zarathoustra* de Nietzsche

Comme nous l'avons suggéré, c'est parce que nous disposions au départ d'informations convergentes et attestées sur Nietzsche et sa philosophie (Nietzsche généalogiste, Nietzsche philosophe de la vie et donc philosophe de l'action et - probablement - de l'acte de parole, Nietzsche critique du langage, Nietzsche poète, philologue, etc.), que nous avons pu, avec un risque d'erreur réduit, former l'hypothèse qu'un certain nombre de signifiances discursives pouvaient être chez lui *intentionnelles* (*intentio auctoris*) et donc des *philosophèmes*.

Zarathoustra, de son propre aveu, œuvre capitale de Nietzsche, à la fois la plus commentée et apparemment la moins bien comprise du philosophe, nous paraissait fournir un terrain privilégié pour de plus amples investigations. Si le concept n'était manifestement pas la « clé » du *Zarathoustra*, nous avons voulu examiner dans quelle mesure et de quelle façon le message transmis par l'œuvre était véhiculé par un type de discours *nouveau en rupture* avec la tradition. Par ailleurs, si la présomption existait de longue date, appuyée par nos propres hypothèses, que Nietzsche cherchait à dynamiser l'écriture philosophique (et son écriture philosophique), nous avons voulu vérifier si *Zarathoustra* ne pouvait pas se concevoir comme *un acte de langage* (au sens de la pragmatique moderne), et donc s'appréhender en partie à la lumière des *fonctions textuelles*. Il va de soi, que les deux approches, même si elles mettent à contribution divers instruments d'analyse (linguistique, théorie de l'énonciation, théorie du texte littéraire, etc.), s'inscrivent dans une optique prioritairement *philosophique.*

1. Le renouveau du discours philosophique

1.1 La réhabilitation du « discours » en tant que philosophème

Concernant le premier de ces deux angles d'attaque suivant lesquels nous abordons le *Zarathoustra*, nous partons d'une idée inspirée de F. Cossuta et D. Maingueneau, idée qu'ils ne développent pas dans leurs travaux, mais qui découle implicitement de leurs thèses[11], à savoir que la philosophie pourrait avoir cherché dès les origines à *occulter* sa propre discursivité pour se transformer en ce que nous concevons comme une sorte d'« épiphanie de la vérité ». La philosophie, tend (ce n'est pas une règle absolue) à se réduire à ce qu'il est convenu d'appeler l'histoire des idées, histoire qui, comme son nom pourrait le suggérer, occulte largement le fait qu'elle est aussi l'histoire du *discours* sur les idées. Et le phénomène ne fait que s'accentuer au fur et à mesure que ladite philosophie s'éloigne de l'« actualité » de son énonciation pour être « mise en conserve » et intégrer la tradition. Par sa vocation *totalisante*, la philosophie tend à évacuer du champ du réel ce qu'elle n'explique pas et elle fait *a fortiori* le silence sur les conditions qui la rendent

11 Maingueneau, *L'énonciation philosophique comme institution discursive, op. cit.* ; Cossuta, *Eléments pour la lecture des textes philosophiques, op. cit.*

elle-même possible. Pas de philosophie sans *discours* philosophique ; certes, mais cela, la philosophie ne peut le dire, du moins si elle veut rester la philosophie que Platon (entre autres) a instituée en tant que *genre* : la recherche de la vérité comme adéquation de l'idée aux choses.

Si la philosophie ignore donc superbement ce « discours » qui la relativise, il est légitime, au regard des savoirs avalisés dont nous disposons sur Nietzsche (qui fut généalogiste, vitaliste en même temps que philologue et donc potentiellement « pragmaticien » avant l'heure), de se demander si ce dernier - dont l'aversion contre la métaphysique et en particulier Platon est par ailleurs bien connue - a pu chercher d'une quelconque façon à *réintroduire* en philosophie cette discursivité historiquement occultée ? De là, l'idée que la production / formulation / communication du message philosophique transmis par Nietzsche dans son *Zarathoustra*, loin d'être un donné accessoire ou adventice sans incidence sur la nature de ce message, pouvait éventuellement influer sur lui et même en constituer l'*essentiel* et participer de sa « vérité »[12]. C'est ce que nous avons cherché à vérifier.

12 Un auteur comme Josef Simon écrit à ce propos - en liaison avec le *Zarathoustra* : *« Die Erfindung des Zarathustra hat demnach mit der Kritik am metaphysischen Wahrheitsbegriff zu tun »* (L'invention de *Zarathoustra* est liée à la critique de la notion de vérité métaphysique) *« Ein Text wie Nietzsches Zarathustra »*, in: Volker Gerhardt (Hg.), *Also sprach Zarathustra*, Berlin, Akademie Verlag, Klassiker Auslegen, 2000, p. 241. La traduction de la citation est de nous, comme les traductions des citations non traduites en français qui suivront.

1.2 Signifiances et effets métadiscursifs

1.2.1 « Métadiscours » et « présupposé discursif »

Concrètement, nous proposons d'étudier ce que nous avons appelé le « métadiscours », qui « environne » le *Zarathoustra* en amont et en aval. Comme chez Heidegger, qui annotait le *« Hüttenexemplar »* de son ouvrage *Sein und Zeit* de la désormais célèbre formule *« Wege, nicht Werke »*, l'œuvre de Nietzsche semble (pour d'autres raisons) incapable de « contenir » une philosophie qui la déborde de toutes parts. A preuve, par exemple, les très nombreuses *mentions du nom* de « Zarathoustra », œuvre ou personnage, éparpillées dans l'ensemble des écrits de Nietzsche, antérieurs ou postérieurs à l'œuvre elle-même, tant dans la correspondance que dans les publications. Le phénomène est trop flagrant pour être fortuit. On pense, entre autres, au très célèbre § 342 du *Gai savoir* (*Die fröhliche Wissenschaft*) intitulé *Incipit tragœdia* (KGW V.2.251)[13], qui est - à très peu de choses près - une réplique (anticipée) du début du prologue de *Zarathoustra*. Un auteur comme Wolfram Groddeck a d'ailleurs bien montré que Nietzsche aurait cherché à créer un réseau « labyrinthique » liant le *Zarathoustra* au reste de ses

---

13 Nous citons désormais tous les extraits d'œuvres de Nietzsche à partir de la *Kritische Gesamtausgabe*, herausgegeben von Giorgio Colli und Mazzino Montinari, Berlin, De Gruyter & Co, 1968 ff (le chiffre romain et le premier chiffre arabe désignent le volume, le dernier chiffre la page).

écrits[14]. Ces très nombreuses mentions du nom de « Zarathoustra » autour de l'œuvre sont donc potentiellement le support d'une première *signifiance* ; en marge du *Zarathoustra* proprement dit, un *métadiscours* satellite en conditionne la lecture, créant ce que nous avons appelé à la suite de Oswald Ducrot, un « présupposé discursif »[15]. « Zarathoustra » (héros ou titre) est d'emblée omniprésent dans l'ensemble de l'œuvre qu'il paraît avoir « habité de tout temps ». Le début du prologue de *Zarathoustra*, un début *in medias res* extrêmement abrupt[16], est d'ailleurs assez révélateur à cet égard : *« Als Zarathustra dreissig Jahr alt war, verliess er seine Heimat »* (KGW VI.1.5) (Quand Zarathoustra eut trente ans, il quitta sa patrie)[17]. L'entrée de Zarathoustra dans

---

14 Wolfram Groddeck, *« Die 'Neue Ausgabe' der 'Fröhlichen Wissenschaft »*, in: *Nietzsche-Studien, Internationales Jahrbuch für die Nietzsche-Forschung*, Berlin, New York, Walter de Gruyter, Bd. 26, 1997, p. 194.

15 Oswald Ducrot évoque notamment cette notion de « présupposé » dans son ouvrage *Dire et ne pas dire, principes de sémantique linguistique.* Pour Ducrot, « introduire dans le discours des présupposés » équivaut à rendre « prisonnier » son interlocuteur en lui imposant un « devoir croire » : « La présupposition serait une affirmation « faite en passant », que le destinataire doit croire » (Paris, Hermann, Savoir, Sciences, 1991, p. 96).

16 Remarquons qu'un auteur tel que Hans-Martin Gauger voit dans ce qu'il appelle la *« medias-in-res-Technik »* une caractéristique récurrente de l'écriture de Nietzsche qu'il conçoit comme *« Mittel der Verlebendigung »* (moyen de rendre vivant) (*« Nietzsches Stil am Beispiel von* Ecce homo», *Nietzsche Studien, internationales Jahrbuch für die Nietzsche-Forschung, op. cit.*, Bd 13, p. 344-345).

17 Pour les citations du *Zarathoustra,* nous donnons entre parenthèses la traduction de Geneviève Blanquis : *Ainsi parlait Zarathoustra*, Paris, GF Flammarion, 1996.

l'histoire est parfaitement impromptue. Point n'est besoin de présenter un personnage *déjà universellement connu.* En somme, grâce au présupposé discursif, Nietzsche impose son héros, son œuvre, et donc son propre discours comme radicalement *fondateur* dans le champ interdiscursif.

Mais le présupposé discursif fait aussi sentir ses effets sur le plan de la *constitution* doctrinale (au sens de Cossuta / Maingueneau). Le fait que les mentions de « Zarathoustra » (œuvre ou personnage) irradient à ce point au-delà des limites de l'œuvre, suggère du même coup que la philosophie n'est pas un produit fini conditionné dans un contenant prédéfini, en l'occurrence l'œuvre individuelle, mais bien un *procès en marche* se constituant *ad hoc* dans la dynamique sans fin du discours. Si Nietzsche avait pu écrire d'autres œuvres, « Zarathoustra » aurait sans doute continué à vivre dans celles-ci ; en termes de signifiances, on voit là une philosophie du « devenir » se profiler derrière une philosophie séculaire de l'« être ». Mais cela, Nietzsche ne peut bien évidemment se contenter de l'affirmer comme simple profession de foi théorique ; il le *pratique* en quelque sorte, il le *vit* même, à travers sa façon d'écrire sa philosophie « en continu », non pas *dans*, mais *à travers* les œuvres individuelles que « Zarathoustra » habite et parcourt.

De plus, le « passage en force » qu'implique l'usage du présupposé discursif[18] est un phénomène passablement *inhabituel*, pour ne pas dire « déviant » en philosophie. Le plus souvent la philosophie prépare son lecteur, elle argumente et explique plus qu'elle n'impose et assène. Un

---

18 Cf. Ducrot, *Dire et ne pas dire, principes de sémantique linguistique, op. cit.*

tel *passage en force* a donc toutes les chances de n'être ni gratuit, ni fortuit : il renvoie manifestement à une autre composante de la « doctrine » nietzschéenne, à savoir, la vie comme *combat*, la vie comme champ de forces antagonistes, etc. A propos de l'œuvre de Nietzsche en général, un auteur comme Gilles Deleuze écrit : « Toute force est en rapport avec d'autres, soit pour obéir, soit pour commander »[19]. La réalité s'épuise dans ce rapport entre des forces dominantes et des forces dominées ; conflit et domination sont des thèmes récurrents dans *Zarathoustra* :

> *Auflehnung - das ist die Vornehmheit am Sclaven. Eure Vornehmheit sei Gehorsam! Euer Befehlen selber sei ein Gehorchen!*
> *Einem guten Kriegsmanne klingt " du sollst " angenehmer, als "ich will ". Und Alles, was euch lieb ist, sollt ihr euch erst noch befehlen lassen [...]*
> *Euren höchsten Gedanken aber sollt ihr euch von mir befehlen lassen*[20]
>
> (Ce qui est noble chez l'esclave, c'est la révolte. Pour vous, que votre noblesse soit d'obéir. Même quand vous donnez des ordres, que ce soit par obéissance.
> Pour un vrai guerrier, « tu dois » sonne mieux que « je veux »
> Même ce que vous aimez le mieux, faites en sorte qu'on vous l'ordonne [...]
> Mais votre pensée la plus haute, laissez-moi vous la prescrire)

Et là encore, il ne s'agit pas d'une simple posture théorique. Au moment même où il clame la grandeur du conflit et la nécessité de la domination, Zarathoustra

---

19 *Nietzsche et la philosophie*, Paris, Quadrige / PUF, 1962, p. 45.

20 *« Vom Krieg und Kriegsvolke »* (De la guerre et des guerriers) (KGW VI 1.85).

adopte lui-même une attitude conflictuelle et dominatrice ; par la véhémence de sa harangue, il cherche ostensiblement à soumettre son auditoire *de facto*. Sur le plan communicationnel, il met *en abyme* la teneur de son propos philosophique. Les schémas actantiels du *Zarathoustra* corroborent d'ailleurs ce phénomène : Zarathoustra ordonne, enjoint, admoneste, bref il cherche à « agir » sur ses adeptes, à exercer concrètement sur eux son empire (nous reviendrons sur ce point).

Mais il n'est pas le seul à ordonner et à imposer, le conflit, le combat qu'il prône et exalte ne s'arrête pas (surtout pas) au seuil qui sépare la fiction du réel. De fait, en même temps qu'il fait vitupérer son héros, l'énonciateur philosophique (Nietzsche) impose d'un même geste son *Zarathoustra* dans l'interdiscours (cf. *supra*), franchissant ainsi le pas décisif qui nous transporte de la communication fictionnelle à la communication réelle. En somme, la philosophie elle-même devient l'exercice d'une domination. Il est évident que Nietzsche cherche à mettre son discours à *l'unisson* de sa *philosophie* ; la stratégie fondatrice précédemment évoquée se double d'une stratégie *constituante* (au sens de Cossuta / Maingueneau). Depuis les *marges métadiscursives* de l'œuvre - l'endroit en somme qui semblerait a priori le moins propice à l'émergence du sens et du philosophème - se construit une nouvelle fois une *signifiance* philosophique.

1.2.2 *Ecce homo* : la rétrospection

Toujours dans le cadre du métadiscours qui « environne » le *Zarathoustra*, il faut bien sûr prendre en compte l'*auto-commentaire rétrospectif* que constitue *Ecce homo*. Là encore, force est de constater que le regard en arrière que Nietzsche porte sur ses œuvres passées (dont *Zarathoustra* fait partie), fait émerger plusieurs *signifiances* convergentes. Et là encore, ces dernières suggèrent, de manière plus ou moins explicite, mais souvent de façon évidente - pour ne pas dire ostentatoire - un discours qui aspire à se fonder et à se légitimer en se positionnant nettement « en surplomb » des autres dans l'interdiscours. Nietzsche évoque par exemple la *hauteur* : *« 6000 Fuss jenseits von Mensch und Zeit »* (6000 pieds au-dessus des hommes et du temps) (KGW VI.3.333), le caractère *contraignant* : *« er überfiel mich »* (il m'a assailli) (KGW VI.3.335), ou encore le caractère de « révélation » : *« Offenbarung »* (KGW VI.3.337) de l'inspiration qui lui aurait dicté son *Zarathoustra*.

Il n'est pas question en l'occurrence de biographie intellectuelle (rien à voir, par exemple, avec Descartes qui retrace la genèse de sa démarche dans son *Discours de la Méthode*[21]). Ici, l'inspiration ne s'explique pas, elle est, au même titre que la révélation chrétienne, un « don du ciel » (*Offenbarung*) ; à l'instar de la parole divine capable de faire surgir un monde à partir de rien, la parole de Zarathoustra devient créatrice, tout comme la parole du « Livre ». C'est l'illustration de ce que l'on pourrait qualifier de « *fiat* verbal », un procédé qui se

21 Dans son *Discours de la méthode*, Descartes assortit l'exposition de sa méthode d'un récit de vie, exposant cette méthode - non de façon *logique* comme il le fera dans ses *Méditations* - mais de façon *généalogique*, mettant en avant non tant l'ordre des raisons que l'ordre de la découverte de ces raisons. Il reste que Descartes, à l'opposé de Nietzsche, recherche et explique acrimonieusement dans tous les cas de figure les causes et les sources de son « inspiration ».

répercute d'ailleurs à plusieurs niveaux dans l'organisation communicationnelle et pragmatique de l'œuvre : Zarathoustra face à ses auditoires déclare et décrète de façon univoque et unilatérale ; la « vérité », si vérité il y a, ne naît jamais des contingences du dialogue, elle est instantanément et définitivement « scellée » par les paroles de Zarathoustra (même si Zarathoustra est dans son propos le pourfendeur emblématique de toute vérité figée). Bref, grâce à cet effet de *fiat* verbal, Nietzsche, tout en prenant le *contre-pied* de la religion instituée, confère à sa philosophie la même *hauteur sacrale* ; n'avait-il pas d'ailleurs qualifié lui-même son « Zarathoustra » de cinquième Evangile ? Il est inutile d'épiloguer sur l'effet *fondateur* de ces phénomènes (en termes de signifiances, bien entendu).

Mais ce n'est pas tout : ce dispositif fondateur a également des répercussions au plan de la *constitution* doctrinale, puisque la *vox dei* de la religion convoquée par Nietzsche se mue en l'occurrence en *vox rei*. Si, avec son *Zarathoustra*, Nietzsche n'ambitionnait rien moins que de créer une nouvelle religion, cette religion était bien évidemment une religion de l'*immanence* substituée à la transcendance, une religion de l'*homme* substituée à la religion de Dieu. Cette substitution doctrinale s'opère de manière d'autant plus efficace que *Zarathoustra* - en tant que discours - peut se prévaloir du prestige immense du discours dominant de la culture occidentale depuis deux millénaires. Par ce coup de force discursif, toute la *puissance performative* de la prophétie religieuse est confisquée et réinvestie dans la parole la plus séculière et prosaïque qui soit : la radicalité de la *fondation discursive* se superpose à la radicalité de la *révolution doctrinale*. Et une nouvelle fois, cette dimension doctrinale, loin d'être simplement thématisée dans des concepts, se constitue comme signifiance, en marge et en amont des contenus, hors de l'œuvre elle-même, dans ses franges métadiscursives.

Notons que ce que Nietzsche écrit dans *Ecce homo* à propos de l'inspiration qui lui aurait dicté le *Zarathoustra* ne doit sans doute pas être pris au pied de la lettre. Cette inspiration fulgurante, contraignante, irrésistible, s'accorde fort mal avec ce que montrent les études menées sur les manuscrits : Nietzsche travaillait lentement, de façon on ne peut plus réfléchie, remettant cent fois l'ouvrage sur le métier. Les propos de Nietzsche dans *Ecce homo* n'ont probablement qu'une valeur documentaire très relative. Alors pourquoi de telles affirmations ? Peut-être justement parce que Nietzsche - en même temps qu'une image de lui - construisait, à des fins philosophiques, une signifiance discursive. Cette « fiction » sur l'œuvre, élaborée rétrospectivement en marge de l'œuvre, participerait donc encore de l'œuvre.

Par ailleurs, toujours en ce qui concerne la constitution doctrinale, *Ecce homo* a plusieurs autres répercussions sur le *Zarathoustra.* L'une d'entre elles redouble et confirme ce que nous avons qualifié de « présupposé discursif », présupposé construit par les mentions réitérées de « Zarathoustra » dans le métadiscours environnant. Avec *Ecce homo*, écrit tardif qui reconvoque et revisite plusieurs écrits antérieurs dont *Zarathoustra* fait partie, Nietzsche suggère, d'une autre façon, que la philosophie « déborde » l'œuvre l'individuelle. Plus de philosophie « corsetée » dans des reliures et des rayonnages poussiéreux, mais un *procès* continu de création, une philosophie qui voudrait faire éclater la gangue des titres, des œuvres et des genres, qui voudrait en somme sortir d'elle-même pour se confondre en dernière instance avec la *vie dans son ensemble.* On se souvient ici encore une fois du célèbre exergue heideggerien *« Wege, nicht Werke »*, dont l'enjeu était au demeurant dénué de toute connotation vitaliste.

Autre exemple : dans *Ecce homo*, Nietzsche évoque son combat intérieur, combat opposant 1) l'*inspiration* irrésistible qui l'aurait traversé lors de la rédaction du *Zarathoustra*, et 2) les « forces défensives » (*Defensiv-Kräfte*, KGW VI.3.340) qui, à l'intérieur de lui-même, auraient œuvré afin de *contenir* ce déferlement. Or, très schématiquement, n'a-t-on pas ici comme une sorte de « miniature » du combat universel qui oppose la vie au nihilisme, les forces actives aux forces réactives[22] ? Si tout est vie ou négation de la vie, la philosophie elle-même doit aller dans le sens de la vie ou en sens inverse. Aller en sens inverse de la vie revient à réduire le mouvement à

---

22 On pourrait d'ailleurs ajouter ici que ce phénomène, relevant de l'encodage et de la production de l'œuvre, semble avoir son équivalent du côté du décodage et de la réception de celle-ci. Comme le soutient Babette E. Babich (sans en tirer à notre sens toutes les conséquences philosophiques), Nietzsche aurait en effet cherché - au delà de la production - à programmer également la *réception* de ses propres écrits, qu'il aurait délibérément rendus peu accessibles, afin que s'opère un tri parmi ses lecteurs, sélectionnant justement le lecteur capable d'une lecture ardue et exigeante, assimilable à un combat : *« Nietzsche's demanding prescrition for a reader is justified as a demand equally met on the author's side »* (« On Nietzsche's concinnity », in: *Nietzsche-Studien, internationales Jahrbuch für die Nietzsche-Forschung, op. cit.*, Bd 19, p. 74.). Cela semble confirmer l'hypothèse que la philosophie de Nietzsche est indissociable d'une dynamique discursive (en l'occurrence métadiscursive) qui déborde de tous côtés l'œuvre individuelle et ses contenus thématisés.

l'immobilité, à enfermer la vie dans des notions immuables, ce que fait la philosophie « classique » qui participe en cela du nihilisme ambiant. Dans *Ecce homo*, Nietzsche a donc probablement voulu suggérer que sa philosophie (celle qu'il entendait transmettre dans son *Zarathoustra*) était bien coextensive, synchrone à la vie, et non théorie distanciée prenant la « vie » pour objet. Loin de se contenter d'évoquer *in abstracto* le combat vital de l'« actif » et du « réactif », cette philosophie veut montrer qu'elle émerge elle aussi de ce combat, un combat qui, en l'occurrence, se serait déroulé dans la tête du créateur-démiurge. L'activité même du philosophe, l'acte de créer et l'acte d'écrire *hic et nunc* de la philosophie se doit d'être au plus haut degré *performance vitale*.

Mais, dira-t-on, ce qu'écrit Nietzsche sur ce fameux combat intérieur n'a sans doute encore une fois rien à voir avec ce qui s'est passé réellement. Raison de plus, pensons-nous, pour postuler que les commentaires rétrospectifs de *Ecce homo* avaient un autre objectif : à partir des marges métadiscursives du *Zarathoustra* et de façon sans doute plus délibérée qu'il n'est communément admis, Nietzsche *construisait* une signifiance philosophique. Il est indéniable que le jeu intertextuel et la dynamique discursive mis en place à partir de *Ecce homo*, loin d'être gratuits ou fortuits, participent pleinement de la *fondation* et de la *constitution* doctrinale. Sans doute le vitalisme nietzschéen devait-il - ne fût-ce que pour rester cohérent avec lui-même - s'inscrire dans un discours lui-même « vital », un discours « débordant » capable d'imposer sa force, de *transgresser* les limites convenues et d'investir *sans restriction* le temps et l'espace.

1.2.3 Une innovation philosophique : le « discours-récit »

Dans le contexte de notre hypothèse de travail : la réhabilitation de la discursivité philosophique dans et par l'œuvre de Nietzsche, nous nous sommes penché sur ce que nous avons qualifié de *discours-récit*. Pour cerner cette notion, il faut rappeler que la philosophie, même si elle oblitère sa propre discursivité comme un facteur contingent, demeure un genre foncièrement discursif. Dans ses *Problèmes de linguistique générale*, un auteur comme E. Benveniste parle de l'« objectivité » du récit, qu'il oppose à la « subjectivité » du discours. Contrairement au discours, le récit est, selon Benveniste, détaché du sujet qui n'a pas à le prendre en charge : « Les événements semblent se raconter eux-mêmes »[23]. Le discours doit en revanche être assumé par un sujet du fait qu'il est lié au *hic et nunc* de l'énonciation. Or, la philosophie, même si elle a largement éludé cette question, est un genre foncièrement discursif ; elle l'est depuis qu'elle s'est constituée comme telle aux origines de la pensée occidentale (notamment avec Platon), par démarcation face au mythe et au récit mythique. Comme l'écrit justement Paul Ricœur, avec Platon « l'hostilité [au mythe] est de principe : chercher le fondement, la raison d'être, exclut que l'on raconte des histoires »[24]. Bref, on imagine mal une philosophie qui, pour reprendre les termes de Benveniste : « laisse se raconter les événements », une philosophie sans sujet, sans un

---

23 *Problèmes de linguistique générale*, II, Paris, Gallimard, 1974, p. 262.

24 Article sur l'interprétation philosophique du mythe dans l'*Encyclopaedia Universalis*, 15, p. 1042.

philosophe qui l'énonce et l'assume. En philosophie, c'est bien le philosophe qui parle et il parle habituellement avec une grande assurance, fût-ce d'une voix feutrée ; à ce titre la philosophie est tout de même bien *discours* (au sens de Benveniste), pleinement contrôlé et assumé par le sujet philosophique, au point que cette caractéristique définit probablement en partie la philosophie en tant que genre[25]. On pourrait baptiser cela l'*assomption* énonciative du discours philosophique traditionnel, qui est bien réelle, même si elle est souvent tacite.

Or, il est clair *a priori* que cette assomption énonciative semble absente et que le sujet philosophique paraît singulièrement effacé dans *Zarathoustra*. Beaucoup de ses caractéristiques contribuent à plutôt rapprocher le *Zarathoustra* d'une œuvre littéraire (images, les métaphores surabondantes, etc.), et il fut d'ailleurs souvent appréhendé et étudié comme tel. Mais il faut ici s'appesantir ici sur le fait que *Zarathoustra* est un *récit* ; l'œuvre n'est pas la simple juxtaposition « anthologique » des discours tenus par Zarathoustra qui, s'ils constituent bien par leur teneur l'essentiel de l'œuvre dont s'est nourrie à satiété l'exégèse, n'en sont pas moins intégrés à une *trame narrative* qui n'a jusque-là guère suscité d'intérêt, y compris chez les interprètes « littéraires ».

Quel est donc ce récit et pourquoi faut-il parler à son sujet d'un discours-récit ? Certainement pas pour réaffirmer à la suite d'innombrables interprètes de Nietzsche que le *Zarathoustra* appartiendrait à un genre hybride entre littérature et philosophie. Cette dénomination entend simplement suggérer que le discours

---

25 C'est ce que suggère également J. Derrida dans sa *Grammatologie* (Paris, Les Editions de Minuit, Collection Critique, 1967).

nietzschéen intègre le récit, mais il l'intègre comme un moment philosophique. Loin d'être un simple indice supplémentaire de littérarité, ce récit « surdéterminé » très particulier est, à nos yeux, lui aussi le *support* de signifiances philosophiques. Nous nous proposons de recenser quelques modalités du phénomène.

1.2.3.1 Le « retrait énonciatif »

Nous avons qualifié le premier phénomène observé dans ce cadre de *retrait énonciatif*. Dans le *Zarathoustra*, on voit effectivement s'effacer l'une après l'autre les instances qui animent habituellement le récit : auteur, narrateur et même, si paradoxal que cela puisse paraître, le personnage. L'auteur du *Zarathoustra*, l'énonciateur philosophique, *alias* Nietzsche, est d'emblée un énonciateur effacé : dès le début du prologue *« Als Zarathustra dreissig Jahre alt war »* (Quand Zarathoustra eut trente ans) (KGW VI.1.5), et avant même d'avoir fait la moindre « apparition », cet énonciateur délègue la parole à un narrateur[26]. Dans le *Zarathoustra*, on ne trouve que des indices ténus de ce que F. Cossuta appelle la « fonction auteur »[27], tout au plus cet auteur est-il « présent », de façon implicite, dans certains éléments du

---

26 Cette attitude de distanciation de l'énonciateur philosophique (l'auteur) a été soulignée notamment par Werner Stegmaier : *« Nietzsche entzieht der Erzählung von den Lehren Zarathustras einen erkennbaren Autor, der die Verantwortung für sie übernimmt »* (Nietzsche n'impute à aucun auteur identifiable qui puisse en assumer la responsabilité le récit des enseignements de Zarathoustra) (*« Anti-Lehren, Szene und Lehre »* in : Volkert Gerhardt (Hg.), *Also sprach Zarathoustra*, *op. cit.*, p. 199).
27 Cf. *supra*.

paratexte (titres et intertitres). Encore, ce dernier constat doit-il être relativisé si l'on se réfère au prologue, constituant paratextuel d'ordinaire réservé à l'auteur. Si le prologue du *Zarathoustra* est assimilable à une « préface » au sens de G. Genette[28] (les préfaces sont habituellement - *a fortiori* en philosophie - assumées par l'auteur), il s'agit en l'espèce d'une « préface fictionnelle »[29], prise en charge, non par l'auteur, mais par le narrateur qui, par son truchement, nous fait entrer de plain-pied dans l'histoire[30]. Si préface il y a, celle-ci est donc très éloignée de la préface autorale classique en philosophie. Dans le vocabulaire de Genette, nous avons ici affaire à un prologue « allographe ». Bref, Tout se passe comme si l'auteur devait à toute force prix être *mis en retrait*, y compris de domaines qui sont habituellement ses « chasses gardées ».

Mais le narrateur lui-même, qui prend d'emblée le relais de l'auteur, est - selon l'expression d'Alain Rabatel

28 *Seuils*, Paris, Seuil, Collection Poétique, 1987.

29 *Ibid.*, p. 255.

30 Curieusement, vers la fin du même prologue, c'est encore le narrateur qui s'écrie : *« Und hier endete die erste Rede Zarathustra's, welche man auch " die Vorrede " heisst: denn an dieser Stelle unterbrach ihn das Geschrei und die Lust der Menge »* (Ici prit fin le premier discours de Zarathoustra qu'on appelle aussi le Prologue ; car à ce moment les cris et l'hilarité de la foule l'interrompirent) (KGW VI.1.15). De façon significative, des propos ayant trait à la *réalité* matérielle de l'œuvre (sa composition et son découpage en parties) et semblant logiquement relever fondamentalement de la compétence de l'auteur, sont ici intégrés à la trame fictionnelle gérée, elle, par le narrateur.

- un « narrateur effacé »[31] qui n'apparaît qu'en pointillés dans la diégèse. Il est vrai que ce narrateur parle à la fin de chaque discours de Zarathoustra, prononçant la formule-leitmotiv qui est aussi le titre de l'œuvre : *« Also sprach Zarathustra ».* Mais si l'on y regarde de plus près, le narrateur, quand il parle, ne parle en fait que pour signaler qu'un autre a parlé (en l'occurrence la plupart du temps : Zarathoustra), c'est-à-dire pour manifester son *effacement* derrière les paroles qu'il rapporte (verbes locutoires introducteurs de discours rapporté). Cette présence du narrateur dans la formule-leitmotiv n'est donc finalement qu'une *présence / absence*, rendue encore plus improbable par son côté incantatoire.

Quant au personnage, Zarathoustra, il parle continuellement, au point que ses discours « saturent » l'œuvre. Zarathoustra déclare d'ailleurs lui-même : *« Mund bin ich worden ganz und gar* » (Je ne suis plus qu'une bouche) (*« Das Kind mit dem Spiegel »*, KGW VI.1.102). Pourtant, comme cette dernière formule le suggère, il est indéniable que les paroles de Zarathoustra échappent à son contrôle et le submergent passablement. Il s'épuise dans les paroles qu'il profère en permanence, sans que ces paroles émanent pour autant vraiment de lui. On pourrait dire à propos du *Zarathoustra* : « ça parle », mais on ne peut au final éluder la question : « qui parle vraiment ? ». Zarathoustra est une figure diaphane, nul ne connaît son aspect, il parle toujours, mais il ne parle jamais de lui, il se dilue en quelque sorte dans l'« altérité » des sujets qu'il traite par myriades. Dans la terminologie de Maingueneau,

---

31 *Une histoire du point de vue, Recherches textuelles n° 2*, Publication du Centre d'études linguistiques des textes et des discours, Metz, Université de Metz, 1997, p. 163.

nous dirions que Zarathoustra possède un « *ethos* vide »[32]. Le personnage est sans consistance ; même son envergure intellectuelle supposée est finalement peu crédible. Son aptitude à faire surgir en un tournemain l'univers entier face à des auditoires subjugués laisse perplexe. On ne peut se défaire de l'impression que Zarathoustra est habité par une puissance qui le dépasse et qui *parle à travers lui.* C'est ce que semblent d'ailleurs confirmer ses phases extatiques, ses absences cataleptiques, tout comme le fait qu'il soit à plusieurs reprises dépossédé de ses propres paroles, par exemple dans le chapitre *« Der Genesende »* (Le convalescent), où les animaux de Zarathoustra doivent formuler à sa place la pensée de l'éternel retour (KGW VI.1.268-269). Bref, après l'effacement de la *fonction-auteur* et l'effacement de la *fonction-narrateur*, il faut prendre acte de l'effacement de la *fonction-personnage.*

1.2.3.2 Le retrait énonciatif comme philosophème

Or, en termes de signifiances, ce retrait énonciatif possède indéniablement un impact *fondateur* (au sens de Cossuta / Maingueneau). Détaché de la chaîne énonciative, le message de Zarathoustra s'affranchit de toute contingence communicationnelle, devenant en quelque sorte *autoréférentiel* et surtout *auto-performatif.* La parole de Zarathoustra ne vient de nulle part et elle fait jaillir du néant un univers inédit, sans rapport aucun avec quoi que ce soit d'existant : *« Neue Wege gehe ich, eine neue Rede kommt mir »* (Je suis des routes nouvelles, une parole nouvelle m'a été donnée) (*« Das Kind mit dem*

---

32 « L'énonciation discursive comme institution philosophique, » in : *Langages n° 119, L'analyse du discours philosophique*, *op. cit.*, p. 57.

Spiegel », KGW VI.1.102). Zarathoustra le dit lui-même : la parole qu'il profère lui « a été donnée », propos qui rappelle évidemment ce qu'écrit Nietzsche dans *Ecce homo* à propos de sa propre inspiration venue comme un « don du ciel » (*cf. supra*) ; du métadiscours au discours-récit, les signifiances *convergent*.

On pourrait certes objecter à cela qu'en perdant ses références énonciatives (énonciateur philosophique / narrateur / personnage), le message perd du même coup ses ancrages réels, qu'il se « fictionnalise ». Pour Benveniste, un tel message serait à l'opposé de ce qu'il nomme « discours » ; il correspondrait en revanche parfaitement à sa définition minimaliste du récit, où « les événements semblent se raconter eux-mêmes ». Est-ce à dire que le *Zarathoustra* n'est plus « discours philosophique », mais simple « fiction littéraire » ? Une telle hypothèse serait encore une fois intenable ; suffisamment d'indices convergents l'attestent : la « fictionnalité » du *Zarathoustra*, tout comme le retrait énonciatif qui la génère, constitue une *signifiance* philosophiquement orchestrée. Le philosophe est toujours là et bien là, même s'il *feint* de s'effacer ; mais, pour des raisons que nous avons déjà évoquées et sur lesquelles nous reviendrons, il veut gérer la production du sens de façon non conventionnelle : aux signifiés conceptuels classiques, il entend substituer des effets langagiers et discursifs.

Le *Zarathoustra* de Nietzsche se déploie donc sur deux strates distinctes : pour être récit fictionnel, il n'en est pas moins *discours* ; un discours d'un type nouveau qui ne se positionne pas « massivement » - comme c'est le cas du discours philosophique traditionnel - en contrepoint de la fiction, mais *intègre* au contraire celle-ci à sa démarche comme philosophème. C'est en ce sens-là que nous avons parlé de *discours-récit*. Nous revenons ci-dessous dans le bilan sur ce que nous pensons être les raisons philosophiques profondes de cette « fictionnalisation » du discours.

1.2.3.3 « Défilé de masques » et « métaphore énonciative »

Mais ces instances énonciatives, qui s'effacent les unes derrière les autres et s'effacent derrière le message, évoquent aussi ce que nous qualifions de *défilé de masques*. De fait, pour Nietzsche tout est masque : *« Jeder tiefere Geist braucht eine Maske »* (Tout esprit profond a besoin d'un masque) (KGW VI.2.54), ou encore : *« Jede Meinung ist ein [...] Versteck, jedes Wort eine Maske »* (Chaque opinion est une cachette, chaque mot est un masque) (KGW VI.2.244), écrit-il dans *Par-delà le Bien et le Mal*. La vérité n'est jamais rien d'autre qu'une illusion non encore dévoilée, et ce qui se lit en filigrane du défilé de masques, c'est bien sûr - très schématiquement - ce qu'il est convenu d'appeler le *perspectivisme*, cette constante si souvent débattue de la philosophie de Nietzsche, par laquelle il se positionne en contrepoint de tous les pourvoyeurs de vérité. Ce perspectivisme, en l'occurrence perspectivisme non « théorisé », mais mis *en pratique* par Nietzsche dans l'exercice immédiat de sa philosophie, se « montre » donc de façon on ne peut plus « palpable » dans le jeu du retrait énonciatif, lequel participe donc - en termes de signifiances et pour ainsi dire « tacitement » - à la *constitution* doctrinale.

Par analogie avec la métaphore qui, chez Nietzsche, est un défilé d'images (les métaphores s'appellent sans fin les unes les autres dans ce que nous avons qualifié dans une autre étude de « jeu métaphorique » ou encore de « métaphore processuelle »[33]), on peut parler ici de *métaphore énonciative.* Comme les images métaphoriques, les instances énonciatives s'effacent les unes derrière les autres et se succèdent, suggérant sans le dire le perspectivisme, le primat de l'illusion sur la vérité, du mouvement sur l'immobilité, du devenir sur l'être. En revêtant « personnellement » ces masques successifs au lieu de se retrancher derrière le masque figé du sujet philosophique souverain, Nietzsche suggère en somme qu'il vit lui-même ce perspectivisme, encore une fois non dans un « ailleurs » théorique, mais dans l'exercice *hic et nunc* de sa philosophie.

33 Lectures d'une œuvre, *Also sprach Zarathoustra*, ouvrage collectif coordonné par G. Merlio, Paris, Editions du Temps, 2000, p. 210 sq. On sait que pour Nietzsche, la métaphore est première par rapport au concept ; le concept est une métaphore sédimentée qui a, de surcroît, oublié ses origines. De par sa généralité, le concept nivelle les différences et gomme les variations et particularités du réel. La métaphore, elle, y adhère et les épouse ; la métaphore est idiosyncrasique et elle est, en ce sens, plus près et au plus près de la « vie ». Or, cela revient à dire que la métaphore ne peut être une entité isolée ; l'idée n' « aboutit » pas dans une image qui se voudrait unique et définitive, sans quoi elle dégénèrerait et se cristalliserait à nouveau en concept. La raison d'être d'une métaphore est donc d'être toujours au-delà d'elle-même et de faire signe vers une autre métaphore. Zarathoustra ne suggère-t-il pas d'ailleurs lui-même à plusieurs reprises, comme si cela était une consigne de lecture, que les métaphores s'appellent et se prolongent les unes les autres : *« Auf jedem Gleichnis reitest du zu jeder Wahrheit ?»* (Monté sur toutes les métaphores, chevauches-tu vers toutes les vérités ?).

1.2.3.4 « corps logocisé » et retrait énonciatif

Mais la métaphore énonciative joue aussi d'une autre façon. Il y a en effet chez Zarathoustra un paradoxe : comment expliquer que le philosophe, qui se proclame apologiste du corps, puisse proférer une parole à ce point désincarnée ? Car tel est bien l'effet produit par le retrait énonciatif : plus d'auteur, plus de narrateur, plus de personnage, seul reste un message *sui*-référentiel qui « traverse » en quelque sorte ces instances devenues diaphanes.

Pour expliquer cette apparente contradiction, il faut bien saisir qu'entre « corps » et « parole », il n'y a pas chez Nietzsche solution de continuité. Pour le philosophe, le corps n'est jamais corps chosifié, mais ce que l'on pourrait qualifier de « corps ouvert ». Pour rester corps au sens nietzschéen, le corps doit constamment « devenir », se transporter vers un autre que lui-même. Il doit lui aussi, au sens le plus littéral du terme, se « métaphoriser », métaphorisation qui est précisément rendue possible par la parole, seule apte à l'affranchir de sa choséité. Cet indéfectible lien entre le « physique » et le « langagier » est d'ailleurs évoqué dans l'essai *De la vérité et du mensonge au sens extra moral*, où Nietzsche retrace la genèse de la première métaphore : une excitation nerveuse se transforme en image donnant la première métaphore, laquelle est à son tour transformée en son, engendrant la deuxième métaphore[34]. C'est dans ce contexte que nous avons forgé l'expression de *corps logocisé*. En somme, la

---

34 *« Ein Nervenreiz, zuerst übertragen in ein Bild! Erste Metapher; Das Bild wird nachgeformt in ein Laut! Zweite Metapher »* (*Über Wahrheit und Lüge im außermoralischen Sinne*, KGW III.2.373).

vie est foncièrement parole, parole métaphorique - et ne fût-ce que pour ne pas rester figée sans suite ni écho dans le silence et le néant philosophique d'un corps chosifié[35]. Le corps, s'il est tout pour Nietzsche, est un corps « ouvert », transitif, c'est-à-dire un corps - non pas *logicisé* puisqu'il n'y a ni logique, ni limite, ni finalité à ce transit permanent du corps - mais un corps métaphorisé et *logocisé*. La métaphore énonciative sert donc de support à cette autre *signifiance* philosophique.

1.2.3.5 La parole « corporéisée »

Mais si le corps - pour rester corps - doit, nous dit Nietzsche, devenir parole, s'interpréter, ce corps se perdrait aussi s'il devenait exclusivement parole. La métaphorisation n'est pas l'abstraction et le référent corporel ne doit en aucun cas se diluer. Autrement dit, le mouvement qui mène de l'excitation nerveuse (*Nervenreiz*) à l'image (*Bild*) et au son (*Laut*) doit à tout moment pouvoir s'inverser. Physique et langagier doivent rester dans un rapport réversible. Aux yeux de Nietzsche,

---

35 On a souvent noté le rapport étroit qui existe entre volonté de puissance et interprétation. Wolfgang Müller-Lauter, soulignant l'étendue de la notion d'interprétation chez Nietzsche, postule une pluralité de « volontés de puissance », auxquelles correspondraient autant d'« interprétations » : *« Alle Willen zur Macht legen aus, interpretieren »* (Toutes les volontés de puissance analysent, interprètent) (*« Nietzsches Lehre vom Willen zur Macht », Nietzsche-Studien, Internationales Jahrbuch für die Nietzsche-Forschung, op. cit.,* Bd 3, 1974, p. 43). Le même auteur écrit dans un esprit similaire : *« Noch jedes 'Geschehen' besitzt 'interpretativen' Charakter »* (Tout ce qui se produit possède également un caractère interprétatif) (*ibid.*). Il appartient au corps de s'interpréter, de « fuir » sa corporéité dans l'interprétation et son succédané, la métaphore.

le corps n'est ni chose, ni parole, mais *va-et-vient* constant de l'un à l'autre. Si - comme nous venons de le montrer - la métaphore énonciative retire une à une les instances, il n'en est pas moins vrai qu'elle les rétablit aussi dans leurs rôles. De fait, le message *sui*-référentiel (« ça parle ») ne domine sans partage que dans les parties II et III de l'œuvre, largement occupées par les seuls discours de Zarathoustra juxtaposés les uns aux autres. Dans la quatrième partie, on note en revanche un *retour* perceptible du narrateur. Le récit, précédemment on ne peut plus « mimétique » (discours de Zarathoustra rapportés tels quels à l'état brut), fait une part plus large à la diégèse, à nouveau orchestrée par ce narrateur.

De même, Zarathoustra, figure jusque-là diaphane, *ethos* vide, traversée par un flux de paroles, semble devenir moins inconsistant. Pour la première fois dans l'œuvre, au lieu de s'abandonner au discours déferlant qui l'emporte, Zarathoustra se met à réfléchir à ce discours, qu'il utilise même occasionnellement de manière tactique : *« Dass ich von Opfern sprach und Honig-Opfern, eine List war's nur meiner Rede »* (Si j'ai parlé du miel et de l'offrande du miel, c'était une ruse oratoire) (*« Das Honig-Opfer »,* L'offrande de miel, KGW VI.1.292). On remarque aussi, dans le même discours, que Zarathoustra a désormais le temps de parler : *« wir haben zum Reden schon Geduld und Zeit und Überzeit »* (Nous avons pour parler la patience et tout le temps qu'il faut et au-delà) (KGW VI.1.294). Lui, qui antérieurement n'avait le temps de parler qu'« au présent » sans la moindre distance, son temps de parole se confondant pratiquement avec son temps de vie, semble ici prendre un certain recul face à cette urgence du « parler »[36]. Il n'est plus possédé par le temps de la parole ; c'est lui qui désormais *possède* largement ce temps (*Überzeit*).

En bref, dans cette quatrième partie, la parole devient moins évanescente ; les instances énonciatrices (tout au moins le narrateur et le personnage) reprennent littéralement *corps*. Le mouvement de logocisation du corps, amorcé avec le retrait des instances énonciatives, est, sinon inversé, du moins *relativisé*. La référence au corps s'estompe, mais ne *s'efface pas*. A travers la métaphore énonciative, c'est en fait un double mouvement inverse qui se dessine : mouvement du *corps vers la parole* (corps logocisé), mais aussi retour de la *parole vers le corps* (parole corporéisée). Le traitement de l'énonciation rejoint donc ici encore une composante doctrinale.

Dans ce contexte, il est important de souligner que la métaphore énonciative - en tant que signifiance philosophique - ne doit pas être interprétée comme un indice de « déconstructivisme ». Il n'est pas question de dire, à la suite d'une certaine école d'exégèse nietzschéenne en vogue dans les années soixante-dix, sous l'influence entre autres des travaux de Derrida, que Nietzsche aurait « libéré » la parole du fait qu'il aurait renoncé à communiquer le sens, son discours devenant

---

36 Ce qui va de pair, soit dit en passant, avec le fait que dans cette quatrième partie, Zarathoustra ne recherche plus activement ses auditoires, mais entend les laisser venir à lui : *« he still thinks of himself as a prozelitizer, thouh he now expects that men may come up to him »* (il se voit encore comme un prosélyte, bien qu'il pense à présent que les hommes doivent venir vers lui) (Alexander Nehamas, *« For whom the Sun shines »*, in: Volkert Gerhardt (Hg.), *Also sprach Zarathustra, op. cit.*, p. 183).

une sorte de jeu esthétique parfaitement gratuit. Encore une fois, le discours nietzschéen ne se dilue pas dans une vague littérarité. L'intention philosophique n'est jamais perdue de vue. La logocisation du corps relève sans doute d'une forme de déconstruction, mais cette déconstruction a pour pendant une *reconstruction* articulée autour du corps physique. C'est ce qu'un auteur comme Lothar Jordan désigne sous le nom de *« Rückbezüglichkeit »*[37]. Pour Nietzsche, le corps est ce pôle d'attraction - que la philosophie doit tenir à distance pour ne pas se figer dans un concret illusoire - mais auquel elle doit toujours revenir pour ne pas s'égarer dans l'abstrait ou l'insignifiant. Il y a chez Nietzsche cette idée fondamentale : un organisme « interprète » son environnement en fonction de ses intérêts vitaux et cette interprétation « se souvient » des interprétations antérieures. Bref, à l'arrière-plan des idées, à l'arrière-plan des mots, il y a la mémoire du corps. Ici, la logocisation du corps touche donc à cette limite qu'est la corporéisation du *logos*. La déconstruction, si elle a bien lieu, est elle-même le produit d'un discours en *construction* autour d'un objet en *construction* qui est la vie organique.

37 *« Nietzsche Dekonstruktionist oder Konstruktivist »*, in: *Nietzche-Studien, Internationales Jahrbuch für die Nietzsche-Forschung, op. cit.*, Bd 23, p. 232.

1.3 Bilan : le *Zarathoustra* comme réhabilitation du « discours » en philosophie

En faisant le total des signifiances liées au métadiscours et au discours-récit, la conclusion semble s'imposer que Nietzsche promulguait un authentique *retour* du discours et de la discursivité en philosophie. Premier constat : la dynamique discursive laissée hors champ par la philosophie « classique » est rétablie dans ses droits. Très schématiquement, si l'on remonte aux origines platoniciennes (ou pré-platoniciennes), tout semble se passer comme si le dualisme bien connu, consacrant la séparation de l'essence et de ses manifestations, structurait aussi dès le départ le mode d'exposition de la philosophie : avec Platon c'est la philosophie tout entière qui bascule du côté du *logos* pour devenir exclusivement quête du « vrai ». Or, pour Platon, le « vrai » ne peut se donner que dans *l'idée pure*. Tout le reste est relégué dans le domaine du « faux » qui est par définition étranger à la philosophie, ceci incluant toutes les manifestations contingentes de l'idée, et en particulier ses *modes d'actualisation* dans la langue et dans le discours[38]. C'est en ce sens que nous entendons la formule

38 L'*idée* par définition ne se « raconte » pas, puisque ce qui se « raconte », notamment sous forme de récit, relève de la fiction liée au *muthos*, soit précisément ce à quoi la philosophie, en tant que discours, s'oppose. On pourrait bien entendu objecter à cela que les œuvres de Platon sont elles-mêmes des récits dialogués. Mais ces dialogues, loin d'être l'annonce inaugurale d'une prise en compte d'une discursivité dialogale comme philosophème, sont probablement aussi le *dernier mythe*, annonçant précisément la fin du mythe et la

« épiphanie de la vérité » : en termes de tendances, l'histoire de la philosophie ressemble incontestablement à un cortège d'idées, seules les idées importent, l'enveloppe

---

naissance (ou renaissance) de la philosophie. Par ailleurs, les dialogues platoniciens sont placés sous le signe de la dialectique socratique, dialectique qui, pour Platon, est elle-même finalisée par le principe suprême qu'est l'idée du *Bien*. Comme l'écrit E. Chambry en préalable à sa traduction du *Théétète* et du *Parmenide* : « Cette méthode socratique, Platon l'étend au domaine des Idées, pour les atteindre elles-mêmes et monter des Idées inférieures à l'Idée du Bien [...] Chaque hypothèse est un degré qui nous hausse vers l'Idée » (*Platon, Théétète, Parménide*, Traduction, Notices et Notes par Emile Chambry, Paris, Flammarion, 1967, p. 16). « Le fond [des dialogues de Platon] est toujours une question philosophique, et le but, la recherche d'une vérité au moyen de la dialectique » (*ibid.*, p. 23). En somme, les dialogues ne sont chez Platon que des constructions inféodées à la quête de la vérité, ils ont plus l'allure de syllogismes « illustrés » que de véritables récits. Dans la plupart des dialogues, l'histoire se résume à une confrontation de points de vue, soutenus par différents personnages, et au final seul le point de vue manifestant le « vrai » subsiste, généralement soutenu par Socrate. Les dialogues platoniciens ne sont donc souvent qu'une *mise en scène* du « vrai » et du « faux », dont le dénouement est toujours la consécration du « vrai » (et l'exclusion du « faux »). Le « vrai » doit être exposé, telle est la chose essentielle ; la *discursivité dialogique* n'est finalement qu'accessoire, peut-être un reliquat de la phase où mythe et philosophie se confondent encore. C'est là une possible explication à l'attachement insistant de Platon à cette forme dialogique, attachement qui a parfois surpris ses exégètes : « Platon n'a pas conçu d'autre méthode que la dialectique socratique, et il l'a gardée toute sa vie, même lorsque, semble-t-il, une exposition suivie [...] eût donné à ses démonstrations plus de force et de netteté » (*ibid.*, p. 23). En tout état de cause, dès Platon, la voie semble - tendanciellement - ouverte à ce type d'« exposition suivie » qui évacuera de plus en plus le récit (et, paradoxalement, le *dialogue*) comme phénomènes parasites.

discursive et langagière, elle, importe relativement peu[39]. *Discours de la vérité*, la philosophie ne se pose pas radicalement la question de la *vérité du discours*, puisque cette question la mettrait en porte-à-faux, puisqu'elle la jetterait en quelque sorte en dehors d'elle-même, hors des limites du genre posées dès le départ (notamment avec Platon). Avec le *Zarathoustra* de Nietzsche, cette tendance s'inverse donc, nous semble-t-il, pour la première fois *du tout au tout*.

De là, sans doute, l'importance des signifiances fondatrices qui forment un véritable dispositif visant à légitimer et positionner le *Zarathoustra* dans l'*interdiscours*. De là également, et c'est sans doute la chose la plus importante, un faisceau de signifiances convergentes participant à la *constitution* de la doctrine qui ne pouvait pas « se dire » sur un mode conventionnel. Nietzsche énonce en substance : la vie est un *continuum* irréductible, la volonté de puissance ne se divise pas, le devenir n'est pas l'être. Or, les stratégies discursives mises en œuvre (l'exploitation des marges métadiscursives, le discours-récit) font indéniablement écho à ce fonds doctrinal : Nietzsche façonne *Zarathoustra* non comme une œuvre, mais un processus *en gestation*. Du *Gai Savoir* à *Ecce homo* an passant par les *Dithyrambes à Dionysos*, cette œuvre n'en finit pas de s'écrire de multiples manières, comme si elle voulait sortir de tous les cadres réducteurs pour se « répandre » et se confondre avec ce

39 Nous insistons sur le fait qu'il ne s'agit pas d'une règle absolue, nous ne prétendons pas que l'écriture philosophique fût totalement dénuée d'incidence avant Nietzsche. Simplement : avec Nietzsche, le phénomène s'accentue au point d'induire un *changement de paradigme*.

qu'elle clame et proclame : *la vie.* C'est probablement aussi pour mieux se mettre à l'unisson des exigences de la vie que le vitaliste Nietzsche se tourne vers les origines « pré-philosophiques », cet « Avant-Platon » presque mythique et égaré *in illo tempore*, ce creuset où tout se mêle et d'où la philosophie a émergé en s'en démarquant au départ, là où le vrai et le faux, la réalité et la fiction cohabitent, dans l'indivis, là où le devenir n'est pas encore l'être, là où l'image vivante ne s'est pas encore figée en concept, là où le *muthos* (homérique ou hésiodique) n'est pas encore devenu *logos*.

Il faut *totaliser*, et non réduire les perspectives, tel est peut-être le fin mot du perspectivisme de Nietzsche et la raison profonde de ce retour au chaos, au bouillonnement initial. En ce sens, le récit fictionnel convoqué en philosophie par Nietzsche n'interfère pas avec le discours (par nature réducteur puisqu'il renvoie à une *origo* unique) ; il le « supplémente » philosophiquement. Dans le même esprit, Nietzsche ne s'exclut pas de sa propre philosophie, il refuse s'inscrire dans le mouvement « épiphanique » séculaire, appliquant en quelque sorte le perspectivisme *in vivo* à sa propre activité qui consiste à philosopher. Ainsi, se mettant en quelque sorte lui-même en abyme, il arbore avec conséquence les masques changeants qui recouvrent et recouvriront à l'infini la réalité des choses.

Bref, Nietzsche ne pouvait pas écrire sa philosophie en l'enfermant dans une œuvre unique, sans la faire *déborder* sur toutes les autres œuvres et au-delà des œuvres ; Nietzsche ne pouvais pas écrire sa philosophie en l'enfermant dans un discours séculaire monolithe, toujours tacitement reconduit sans jamais faire question, sans jamais s'ouvrir vers d'autres *possibles* (fiction) ; Nietzsche ne pouvait pas écrire sa philosophie sans *réfléchir* simultanément sa propre action consistant à écrire, sans réfléchir et anticiper la réception de ses textes, sans rendre « vitale » sa propre écriture, sans faire signe vers les *sources*, vers la matrice mythique où tout s'est engendré, y compris le discours réducteur sur le « Vrai ». Ce double geste *spéculaire* et *généalogique* est indissociable de sa philosophie. Il s'affirme pleinement avec le *Zarathoustra*.

La question de la *spécularité* philosophique, soulevée par nos propres thèses, renvoie, par ailleurs, à la problématique souvent discutée de « la compréhension du perspectivisme » qui, comme l'écrit Jean Granier, « nous arrache au perspectivisme »[40]. Toute l'aporie réside dans le fait qu'on ne peut affirmer le perspectivisme qu'en adoptant soi-même une certaine perspective. En dernière extrémité, tous nos efforts de décentrage par rapport à une quelconque perspective donnée s'échouent dans le langage que nous sommes condamnés à utiliser pour formuler nos propositions, le *langage* nous imposant en quelque sorte en dernier ressort sa perspective. J. Granier formule donc son hypothèse finale, à notre avis extrêmement féconde, d'un métalangage. Mais pour Granier le métalangage dont Nietzsche ferait usage serait un instrument non maîtrisé ; selon lui, Nietzsche renoncerait au final à « la possibilité même d'une interprétation de l'interprétation », ruinant « le fondement de son propre discours »[41]. A nos yeux le métalangage dont parle Granier ne saurait se limiter

---

40 Jean Granier, *Le problème de la vérité dans la philosophie de Nietzsche,* Paris, Seuil, 1966, p. 606.

41 *Ibid.*

comme il l'énonce à la recherche d'un fondement ; ce métalangage chercherait plutôt à suggérer sa propre relativité et son propre inachèvement. Car le métalangage dont il est ici question est dynamique : il y a en quelque sorte toujours un « méta » au-delà du « méta ». Or, dès lors que l'on prononce un tel mot : « métalangage » ou « perspectivisme », on pervertit le phénomène, fatalement, on immobilise ce qui est foncièrement mouvant. C'est donc encore dans le non explicite, dans des *signifiances discursives* révélant leur propre relativité, que le perspectivisme se manifeste. Si l'idée d'un métalangage est féconde, pour nous, ce métalangage n'a rien d'un échec ; c'est au contraire une construction sciemment *orchestrée*. Nietzsche ne cherche pas à « thématiser » (vainement) l'« espace du discours »[42], comme le suggère Granier ; il exploite directement cet *espace discursif* (et sa *dynamique*) sous forme de signifiances[43].

42 *Ibid.*, p. 607.

43 Il est étrange de voir à quel point cette problématique préfigure celle à laquelle se heurtera le dernier Heidegger. On pense aux multiples « expériences » menées par le philosophe avec la langue et le langage auquel il cherche à faire dire la différence de l'être et de l'étant, la différence ontologique : destruction du langage métaphysique (*Sein und Zeit*), donation de l'être dans le retrait du mot par le *« Es gibt »,* langue comme *Ereignis*, etc. Bien qu'avec une conscience forcément beaucoup plus aiguisée du problème, c'est finalement la même aporie que Heidegger affronte : le *dire* de l'être, même si ce n'est bien entendu pas le même Etre. Nous tenterons de montrer dans la partie de cet ouvrage consacrée à Heidegger, comment ce dernier se heurte à l'obstacle ultime qu'est le « piège du signifié », le cercle vicieux qui fait que la pensée transite par cette différence, qui l'extrait en quelque sorte du néant, mais qui en même temps l'écartèle entre son « dit « (signifié) et son « dire » (signifiant). La pensée forcément se polarise dans la différence sa / sé, où s'engendre ce double

Mais ces conclusions doivent aussi être mises en regard d'un autre interprète incontournable de Nietzsche avec lequel nous sommes tout à fait d'accord sur de nombreux points : Eric Blondel. Blondel voit lui aussi chez Nietzsche un renouveau de l'écriture philosophique, mais la dynamique qu'il prête à l'écriture nietzschéenne se situe à ses yeux dans l'« écart stylistique ». Blondel qualifie, par exemple, le texte de Nietzsche de « discontinu et aphoristique », opposé « au projet architectonique du discours philosophique classique »[44]. Il parle encore d'une prolifération de tropes, de figures, allusions, mythologismes, paronomases, etc.[45], qui démarquent le style du texte nietzschéen. Il évoque aussi l'absence d'unité de ton : burlesque, sérieux, ironie, tragique, grandiloquence, théâtralisme, et d'unité de genre : proverbes, maximes, paraboles, démonstrations philosophiques, dialogues dramatiques, psaume, prière[46], etc. Bref, Blondel insiste sur l'écart stylistique et générique, et ses constats sont tous très pertinents et novateurs sur ce point. Mais pour l'auteur, le renouveau apporté par Nietzsche se situe au niveau du *texte*, le « discours » restant pour lui synonyme de fixité et

---

mouvement inverse d'effacement du signifiant et de sédimentation du signifié qui constitue le cercle vicieux dont toute pensée est toujours déjà prisonnière. C'est, pensons-nous ce piège, cet inquestionné final lié à la nature même de la langue et du langage humains, que Heidegger cherche à circonvenir dans son œuvre tardive, pour pouvoir philosopher « plus loin ». Quoiqu'il en soit, Nietzsche était sur ce point, à nos yeux, bien un prédécesseur.

44 *Nietzsche, Le corps et la culture*, Paris, PUF, Philosophie d'aujourd'hui, 1986, p. 22.

45 *Ibid.*, p. 28.

46 *Ibid.*, p. 28-29.

d'attachement aux normes du genre. A nos yeux, le discours (ce que nous appelons aussi la « discursivité ») est plutôt procès en marche, le texte n'étant que le point d'aboutissement et la cristallisation de ce procès. Si comme le pense J. M. Adam, le discours est le texte plus ses conditions de production, le texte étant à l'inverse le discours moins ses conditions de production, la dynamique est bien du côté du *discours*[47]. De la même façon qu'il a exploité l'écart stylistique par rapport aux normes du genre, Nietzsche a, à notre sens, aussi exploité l'*écart discursif*. Mais au-delà des divergences de vocabulaire, il nous semble que les conclusions d'Eric Blondel et les nôtres se complètent plutôt qu'elles ne s'opposent.

2. *Zarathoustra* comme « performance » philosophique

2.1 Méthode et hypothèses

Si avec son *Zarathoustra* Nietzsche reconvoque le discours et la discursivité jusque-là honnis comme philosophèmes, s'il refond et ressuscite à ce point la dynamique du discours philosophique, il convenait aussi de se demander pourquoi le *Zarathoustra* ne serait pas

47 Pour reprendre le parallèle précédemment amorcé, s'il est un philosophe qui, à notre sens, exploita le texte, il s'agit de Heidegger qui sut, comme nous essaierons de le montrer dans la suite de cet ouvrage, faire d'un texte entier un authentique « dispositif monstratif » qui cherche à suppléer l'insuffisance de la langue et du langage à dire l'Etre (*cf. infra*).

aussi, dans une certaine mesure, concevable comme un *acte de langage* (au sens d'Austin et de la pragmatique moderne) ? Un discours « vital » dans les modalités de sa production ne devait-il pas chercher à être « vital » dans son impact sur autrui. Pourquoi dès lors n'avoir jamais osé aborder Nietzsche comme ce philosophe pragmaticien que tout pourtant le prédisposait à être (philologie, vitalisme, etc.), pourquoi n'avoir jamais cherché à appréhender *Zarathoustra* sous l'angle de la fonction *illocutoire / perlocutoire* ?

Il est indéniable que le héros Zarathoustra, s'il agit fort peu lui-même, veut *faire* agir et réagir les autres. On pouvait donc conjecturer sans grand risque que la philosophie de Nietzsche, qu'il est convenu de définir comme une philosophie du vouloir, devait aussi chercher à « faire vouloir ». La belle formule qui clôture l'épilogue du *Gai Savoir* ne suggére-t-elle pas d'ailleurs cette piste ? *« Aber was ihr zu hören bekommt, ist wenigstens neu; und wenn ihrs nicht versteht, wenn ihr den Sänger nicht versteht, was liegt daran! [...] Um so deutlicher könnt ihr seine Musik und Weise hören, um so besser auch nach seiner Pfeife – tanzen. Wollt ihr das?...»* (Mais ce que vous entendez là a au moins l'avantage d'être nouveau ; et si vous ne le comprenez pas, si vous ne comprenez pas le chanteur, quelle importance ! [...] Plus vous entendrez clairement sa musique, mieux vous danserez en suivant le rythme qu'elle imprime. Voulez-vous qu'il en soit ainsi ?...) (KGW V.2.320). Or, n'est-ce pas au *Zarathoustra* - cette œuvre si « liée » au *Gai savoir* (*cf. supra*) - que ces phrases correspondent le mieux ? Sous le couvert d'une métaphore musicale, elles disent que le lecteur est incité à suivre le philosophe, mais elles disent aussi que son adhésion n'est *pas* contrainte ; cette adhésion ne peut être qu'un acte de *vouloir propre. « Wollt ihr das?...»*, l'apostrophe énigmatique qui clôture l'épilogue du *Gai Savoir* laisse le lecteur perplexe. On se demande si le « vouloir » ainsi mis en exergue n'est pas la seule suite possible à donner à ces mots ? La parole *cesse* (points de suspension dans la citation), le vouloir *commence*. Zarathoustra peut lui-même commencer à parler ! *Zarathoustra* (œuvre qui fait chronologiquement suite au *Gai savoir*) peut être écrit.

Bref, il nous semblait que l'« appel », plus ou au moins autant que l'« information » (ces termes étant entendus au sens de la pragmatique), devait tenir dans *Zarathoustra* une place essentielle et qu'un rapport existait entre *appel, vouloir et faire vouloir*.

Partant de ces prémisses, le questionnement central était donc : comment se manifeste concrètement l'*appel* dans le texte ? Peut-on mettre en relation ces manifestations de l'appel avec la philosophie de Nietzsche ? Nous avons tenté d'y répondre en nous appuyant sur la notion de « fonction appellative » décrite par la pragmatique textuelle moderne. Implicitement nous faisions bien sûr encore intervenir la notion de signifiance : si le texte de Nietzsche est effectivement à comprendre comme un *appel*, cela n'est dit explicitement nulle part ; une telle conclusion ne peut donc être que le résultat d'une interprétation. Bref, l'objectif concret était de rechercher dans le texte les indices de fonctions illocutoires, avec en ligne de mire les indices de « fonction appellative ».

Très schématiquement, nous avons opéré un *distinguo* entre les indices d'illocution *directe* et les indices d'illocution *indirecte*.

2.1.1 Illocution directe

Concernant l'illocution directe, nous nous sommes appuyé notamment sur E.U. Große, qui énumère un certain nombre d'indices d'identification de l'appel, indices qu'il qualifie de *« voluntas-Signale »* (indices de volition). Parmi eux, il y a par exemple les « formules introductrices », qu'il qualifie de *« Präsätze »* et qu'il regroupe en quatre catégories : 1) formules introductrices exprimant le « vouloir », le « souhait », l'« intention » et la « préférence » (*wollen, wünschen, beabsichtigen, vorziehen*),

2) formules introductrices exprimant la « requête », l'« exigence », la « réclamation » (*verlangen, fordern, beantragen*),

3) formules introductrices exprimant l'« ordre », la « recommandation », la « proposition », la « prière » et l'« avertissement » (*befehlen, empfehlen, vorschlagen, bitten, warnen*),

4) formules introductrices exprimant la « demande » (*fragen*)[48].

Parmi les « indices de volition » (*Voluntas-Signale*), il en est également qui ne sont pas des *« Präsätze »*, mais des *formes* de phrases (modes verbaux : impératif, infinitif, interrogatif)[49].

---

48 Ernst Ulrich Große, *Text und Kommunikation*, Stuttgart, Berlin, Köln, Mainz, Verlag W. Kohlhammer, 1976, p. 88-89.

49 *Ibid.*, p. 86.

Hormis les indices de volition, la seconde catégorie d'indices d'identification de l'appel, toujours en illocution directe, sont selon Große les *indices de nécessité* qu'il identifie comme :

1) structures attributives (*Präsätze*) : *« es ist notwendig, unentbehrlich »* (il est nécessaire, indispensable) */vs/* « *unzulässig, verboten...*, etc » (illicite, interdit, etc.),

2) des tournures infinitives du type *« hat...zu »* (avoir à…),

3) les verbes modaux *« sollen »* et *« müssen »* (devoir).

Sans pouvoir ici exposer le détail de notre méthode, nous avons donc, dans le texte de Nietzsche, recensé et analysé dans leurs nuances les indices de volition et de nécessité qui indexent l'appel de façon *directe*.

2.1.2 Illocution indirecte

Par ailleurs, étant évident qu'on ne peut réduire la fonction appellative d'un texte à la simple somme arithmétique de tels indices, nous avons pris en compte (sans doute même de façon prioritaire) les indices appellatifs *indirects* qui se manifestent dans et par le texte de manière globale, diffuse ou médiate. Toujours selon Große, il s'agit :

1) du « facteur appel » (*Appellfaktor*),

2) des « présignaux » (*Präsignale*),

3) des « règles de l'agir » (*Handlungsregeln*).

Le « facteur appel » se manifeste : a) par l'« abondance de mots et de tournures à caractère évaluatif »[50], b) par « l'abondance des figures rhétoriques »[51]. Les

50 *Ibid.*, p. 18.
51 *Ibid.*

« présignaux » sont des éléments (souvent d'ordre paratextuel) qui servent à classer d'emblée le texte dans telle ou telle catégorie (titre, genre, etc.)[52]. Quant au troisième critère de Große, les « règles de l'agir » (*Handlungsregeln*), il renvoie à ce qui est commun aux partenaires de la communication : *« die Kommunikationspartner handeln nur [...] nach ihnen und verstehen sie nur dann, wenn ihnen diese Regeln gemeinsam sind »*, ce qui suppose une « reconnaissance » mutuelle (*Anerkennung*), ainsi que des « conventions » (*Konventionen*)[53]. Au final Große propose une équation regroupant l'ensemble de ces éléments :

« Textfunktion = (± Handlungsregeln) (± Präsignal) (± Appellfaktor) + metapropositionale Basis + Propositionstyp » (Fonction textuelle = (± Règles de l'agir) (± Présignaux) (± Facteur appel) + Base métapropositionnelle + Type de proposition ».[54]

C'est - avec de multiples adaptations, nuances et compléments - ce modèle que nous avons appliqué au texte de Nietzsche. Sous le nom de « structures illocutoires complexes », nous insistons notamment sur ce que K. Brinker qualifie de « formes fondamentales de développement thématique » (*Grundformen thematischer Entfaltung*), distinguant le « développement thématique descriptif » (*deskriptive Themenentfaltung*), le « développement thématique explicatif » (*explikative*

---

52 *Ibid.*, p. 20 *sq.*

53 *Ibid.*, p. 22. Ces « règles de l'agir » semblent proches des « maximes conversationnelles » rendues célèbres par Grice, la « reconnaissance » en particulier, faisant pendant au principe de « coopération », qui est selon Grice la base élémentaire de toutes les autres maximes.

54 *Ibid.*, p. 116.

Themenentfaltung) et le « développement thématique argumentatif » (*argumentative Themenentfaltung*)[55], ces formes étant toutes potentiellement associées à l'appel (rubrique *« Appelfaktor »* de Große).

Nous y ajoutons une autre forme de développement thématique : le *récit* (une nouvelle fois dans ce contexte *porteur de signifiances* philosophiques), qui est dans beaucoup de cas un modèle de déploiement thématique figurativisé[56] et peut donc être associé sous divers aspects à l'*appel*, même si cet appel se démarque assez nettement de celui qui est associé au modèle argumentatif. Ainsi, selon J.F. Jeandillou, « l'ordre du récit se trouve [...] soumis à une constante tension pragmatique qui articule les événements nouveaux avec leurs implications potentielles [...] les instructions données au lecteur l'amènent à interpréter les faits en révisant sans cesse son jugement »[57]. Il y a incontestablement dans ce *suspens* propre à tout récit qui maintient l'interlocuteur « en haleine » une dimension *illocutoire* apparentée à l'appel.

Parmi ces structures illocutoires complexes qui engagent le texte entier (on parlera aussi à leur propos d'indices *macrocommunicationnels*), nous avons retenu tout particulièrement un schéma actantiel (relations sujet / objet // destinateur / destinataire), qualifié par Nicole

---

55 Klaus Brinker, *Linguistische Textanalyse, eine Einführung in Grundbegriffe und Methoden*, Berlin, Erich Schmidt Verlag, Grundlagen der Germanistik, 4. Auflage, 1997 (1985), p. 63 sq.

56 Greimas / Courtés appellent « figurativisation », la « conversion des thèmes en figures » (Algirdas Julien Greimas, Joseph Courtés, *Dictionnaire raisonné de la théorie du langage*, Paris, Hachette Université, I, 1979, p. 178).

57 Jean-François Jeandillou, *L'analyse textuelle*, Paris, Armand Colin, 2007, p. 148.

Everaert-Desmedt de « contrat de séduction »[58]. Dans ce type de schéma, le récit génère ce que R. Girard qualifie de « désir mimétique »[59], le désir d'un sujet pour un objet transmis par un destinateur à un destinataire *à l'intérieur du récit* pouvant, par exemple, susciter le désir d'un autre sujet pour un autre objet *intradiégétique*, ou encore - par « trope communicationnel »[60] - correspondre au désir d'une instance *extradiégétique* (l'auteur), transmis à un destinataire lui-même *extérieur* au récit (le lecteur). Nous y revenons.

Pour résumer, nous avons appliqué au *Zarathoustra* de Nietzsche la formule de Große modifiée en fonction des observations qui précèdent, nous limitant à un type particulier d'illocution qui est l'appel : *appel = Indicateurs contextuels + présignaux + illocution indirecte (structures illocutoires complexes / mise en valeur) + illocution directe.*

2.2 La prépondérance de la fonction appellative

Sans pouvoir trop entrer ici dans le détail, suite à l'analyse du *Zarathoustra* à l'aide de ces instruments un constat s'impose d'emblée : l'« appel », tel que nous avons tenté de le définir grâce aux apports de la pragmatique moderne, se manifeste ici sous toutes ses formes.

---

58 *Sémiotique du récit*, Bruxelles, De Boeck Université, Prismes Méthodes 8, 1988, p. 50.

59 René Girard, *La violence et le sacré*, Paris, Grasset, 1987, p. 204.

60 Cf. Catherine Kerbrat-Orecchioni, *L'implicite*, Paris, Armand Colin, Linguistique, 1986, p. 131 (nous y revenons).

a) Au niveau *macrocommunicationnel* (prioritaire si l'on hiérarchise les indices en fonction de leur impact) de l'illocution indirecte, nous mentionnerons d'abord les *savoirs contextuels* communément admis sur la philosophie de Nietzsche, lesquels savoir sont partiellement à l'origine de l'hypothèse de départ qui nous a conduit à mener cette étude. Le vitalisme nietzschéen *sollicite* plus qu'il n'informe, le philosophe ne médite pas, il commande et ordonne, ce sont là des poncifs de l'exégèse nietzschéenne. Les professions de foi philosophiques - on pourrait dire métaphilosophiques - de Nietzsche lui-même, ne sont pas rares à cet égard. Qu'il nous suffise de mentionner ce passage particulièrement explicite de *Jenseits von Gut und Böse* (*Par-delà le bien et le mal*) :

> *Die eigentlichen Philosophen aber sind Befehlende und Gesetzgeber : sie sagen « so soll es sein! » [...] sie greifen mit schöpferischer Hand nach der Zukunft, und alles, was ist und war, wird ihnen dabei zum Mittel, zum Werkzeug, zum Hammer. Ihr « Erkennen » ist Schaffen, ihr Schaffen ist eine Gesetzgebung.*
>
> (Mais les vrais philosophes donnent des ordres, ce sont des faiseurs de lois : ils disent « qu'il en soit ainsi ! » [...] ils s'emparent de l'avenir d'une main de démiurge, et tout ce qui est et fut devient pour eux un moyen, un outil, un marteau, leur savoir est création, leur action a force de loi) (KGW VI.2.149).

Notons que ce contexte « martial », auquel on associe communément Nietzsche et sa philosophie, joue aussi par *démarcage* vis-à-vis d'un horizon d'attente lié au *genre.* C'est parce que la philosophie est traditionnellement associée de façon privilégiée à l'information que cette mise en exergue d'un faisceau d'indices contextuels associés à l'appel prend tout son relief.

b) En restreignant la notion de contexte à l'ensemble des œuvres et de la correspondance de Nietzsche (peut-être faut-il plutôt parler ici de *co-texte*), il convient de mentionner encore une fois (le phénomène est surdéterminé) les multiples *évocations* de *Zarathoustra* comme œuvre, ou de Zarathoustra comme personnage, chronologiquement disséminées à travers une bonne partie des écrits, aussi bien en amont qu'en aval du *Zarathoustra* lui-même (*cf. supra*). Ces évocations répétées, même si elles n'interviennent pas au sein de l'œuvre proprement dite, mais dans un *corpus* d'écrits satellites, relèvent, elles aussi, de ce que nous avons appelé à la suite de Große le « facteur appel ». « Zarathoustra »[61], constamment appelé et rappelé, crée une sorte de *tonalité appellative* diffuse autour de l'œuvre et du personnage. Le lecteur est en quelque sorte « mis en condition » pour recevoir dans toute sa force l'appel du *Zarathoustra* lui-même.

c) Dans le registre des « présignaux » (Große), on trouve bien évidemment le *sous-titre*, souvent évoqué, de l'ouvrage de Nietzsche : *« Ein Buch für alle und für keinen »* (Un livre pour tous et pour personne). Ce sous-titre, qui ressemble à une sorte de « mode d'emploi » du livre à l'intention de ses utilisateurs, possède de ce simple fait une tonalité illocutoire inhabituelle. Il est assez *rare* en effet qu'un titre ou un sous-titre d'ouvrage insiste à ce point sur le *cadre communicationnel*, sur la destination et la réception potentielle de l'ouvrage par la communauté

61 Personnage ou œuvre.

des lecteurs. Cela est d'autant plus vrai pour un texte présumé « philosophique », qui aspire donc à l'universalité, et en principe aussi à une relative autonomie vis-à-vis de ses conditions de production / réception. Il y a donc dans ce sous-titre une *mise en exergue* de la *communication* qui est aussi frappante qu'elle est peu usuelle. Nietzsche se livre là, semble-t-il, à une véritable transgression des conventions paratextuelles, peut-être dans le but de « préparer » le destinataire à une appréhension non simplement cognitive, mais aussi précisément *communicationnelle* de l'œuvre (appel).

d) Dans ce même domaine des présignaux, on trouve, en dehors du sous-titre, une série d'indices paratextuels, structurels et catégoriels à notre avis significatifs sur le plan illocutoire. Bien que le *Zarathoustra* soit un récit, une grande partie de l'œuvre est constituée par les « discours » de Zarathoustra explicitement désignés comme tels, pris « sur le vif » et rapportés tels quels au style direct, de façon pour ainsi dire « scénique ». Ce *découpage scénique* est encore mis en évidence par le jeu des *intertitres* qui précèdent chaque discours. C'est donc tout le principe de la communication *théâtrale* qui est ici mis à contribution : des personnages agissent constamment sur d'autres et les font réagir par leurs actes, mais surtout par leurs paroles (qui sont en l'occurrence aussi des actes). Le message philosophique ainsi théâtralisé ouvre potentiellement à l'« appel » sous toutes ses formes un champ beaucoup *plus large* et beaucoup *plus riche* que le message philosophique traditionnel, exposé par exemple sous forme de traité (dominante informative).

A ce cadre général potentiellement propice à l'« appel » protéiforme, s'ajoute le fait qu'une bonne partie des discours de Zarathoustra, s'il est permis de leur attribuer un genre, sont soit des *harangues*[62] adressées à un public que Zarathoustra apostrophe (« mes frères », « mes amis », etc.), soit des *diatribes*[63]. Or, harangues et diatribes sont - par leur qualification générique même - en principe associées à l'*appel.*

e) Dans le registre des « illocutions indirectes », mais dans une sphère plus proche du *microcommunicationnel*, on trouve encore dans *Zarathoustra* quelques manifestations du « facteur appel », en particulier les *évaluations axiologiques* (*lieben* vs *Hassen*), en nombre incalculable dans l'œuvre. Les évaluations de Zarathoustra sont majoritairement *subjectives* et teintées d'*affect* (axiologico-affectifs), opposées à l'évaluation normative[64].

---

62 Le discours *« Von den Fliegen des Marktes »* (Des mouches de la place publique), par exemple, est une harangue explicitement tenue sur la place publique (*Markt*) et ponctuée par l'injonction plusieurs fois réitérée : *« Fliehe, mein Freund, in deine Einsamkeit! »* (Fuis, mon ami, refugie-toi dans ta solitude !) (KGW VI.1.61-64).

63 Par exemple le chapitre *« Von den Verächtern des Leibes »* (Des contempteurs du corps) (KGW VI.1.35-37). La diatribe est toujours partie prenante, partiale et partisane. Elle se situe incontestablement du côté de l'appel. Elle est en quelque sorte appel inversé : *rejet.*

64 Pour donner ponctuellement un exemple plus concret : on constate que Zarathoustra, dans ses discours, utilise fréquemment les verbes *« nennen »* (nommer) et un peu moins souvent *« heissen »* (appeler). Or, les verbes *« nennen » / « heissen »* sont dans beaucoup de cas des évaluatifs axiologiques qui permettent au locuteur d'évaluer une

information en termes de vrai / faux, cette évaluation vrai/faux étant étroitement liée à la personne à laquelle le verbe est utilisé: 1) *« Das nenne/heisse ich ein Auto »* (J'appelle ceci une auto) → présupposé : « c'est vrai », 2) *« Das nennst/heisst du ein Auto »* (Tu appelles ceci une auto) → présupposé : « ce n'est pas vrai ».

Zarathoustra, lorsqu'il utilise le verbe *« nennen »*, met donc à profit ces caractéristiques axiologiques pour stigmatiser subrepticement comme « faux » le point de vue de son interlocuteur ou, plus souvent, celui du tiers dont il s'entretient avec lui : *« Bildung nennen sie ihren Diebstahl [...] sie erbrechen ihre Galle und nennen es Zeitung »* (Cette rapine, c'est ce qu'ils appellent leur culture [...] ils vomissent leur bile et c'est ce qu'ils appellent des journaux) (*« Vom neuen Götzen »* (De la nouvelle idole), KGW VI 1.59), etc.

Mais le plus intéressant est sans doute que Zarathoustra utilise aussi ponctuellement les évaluatifs axiologiques *« nennen » / « heissen »* à la *première* personne. Le verbe *« nennen »* est même le tout premier verbe utilisé par Zarathoustra dans son premier « discours », et c'est à la première personne qu'il l'utilise : *« Drei Verwandlungen nenne ich euch des Geistes »* (Je vais vous dire [nommer] les trois métamorphoses de l'esprit) (KGW VI 1.25). Comme pour souligner cette « nomination », cette dernière formule est d'ailleurs réitérée au prétérit en fin de chapitre *« Drei Verwandlungen nannte ich euch des Geistes »*. Zarathoustra utilise donc de façon stratégique et insistante l'évaluatif axiologique *« nennen »* : il évalue implicitement comme « vrais » ses *propres* propos, et cela d'entrée de jeu. On trouve dans la suite plusieurs autres occurrences de *« nennen / heissen »* en première personne. Par l'intermédiaire de *« nennen / heissen »*, le point de vue « vrai » de Zarathoustra s'oppose au point de vue « faux » des « autres »

De façon à première vue assez curieuse pour un texte philosophique, le débat ne se situe manifestement pas au niveau des « réalités », mais au niveau de l'« appellation » de ces réalités. On peut donc se poser la question suivante : que suggère ce retournement impromptu du « vrai » en « faux », que rien ne semble motiver, sinon un simple *« shifting »* de personne : « j'appelle » = « j'ai raison » ; « tu / il appelle(s) » = « tu / il a tort » ? Tout cela suggère bien évidemment en premier lieu la *relativité* de tout point de vue, relativité souvent thématisée chez Nietzsche : dans *Zarathoustra*, le chapitre *« Von*

Globalement, l'appel incite à la création de valeurs individuelles toujours renouvelées (dépassement des acquis). Evaluer (comme le fait Zarathoustra), c'est vouloir, mais c'est surtout vouloir que les *autres veuillent* et surpassent leur vouloir.

f) Forte représentation aussi pour les *figures de rhétorique*, omniprésentes (pas uniquement la métaphore) dans l'œuvre, où elles focalisent sur certaines unités ou segments, créant ce qu'on a parfois appelé un « effet de présence »[65]. Apparentés à la rhétorique dans leurs effets,

---

tausend und einem Ziele » (Des mille et une fins) (KGW VI 1.70-72) est entièrement voué à cette thématique ; il n'est donc guère étonnant d'y trouver plusieurs occurrences de *« nennen / heissen »*. De fait, le point de vue « vrai » n'est que celui d'un « je » qui l'évalue comme tel ; le point de vue « faux » n'est *que* celui que ce « je » prête aux opposants que sont les « autres ». La « vérité » n'est que l'expression de la force de celui qui - dans le combat vital - peut dire « j'appelle ceci le vrai ». Mais cette appellation-évaluation s'annule pour ainsi dire en se posant, puisqu'un autre peut dès cet instant la reprendre à son compte (« il appelle ceci le vrai »), et que sa charge axiologique s'en trouve automatiquement retournée. On voit jusqu'à quel point l'évaluation, porteuse de signifiances philosophiques, peut s'investir dans les caractéristiques microcommunicationnelles sciemment gérées.

65 Le discours *« Von den drei Verwandlungen »* est assez exemplaire à cet égard, il débute par une « personnification » : *« um seinen Hochmuth Wehe zu tun ? »* (serait-ce de s'humilier pour meurtrir son orgueil ?) (KGW VI.1.25) qui pourrait aussi être considérée comme une « métonymie » (l'orgueil auquel « on fait mal » est une qualité présumée de la personne à laquelle réfère le possessif *« seiner »*). *Idem* pour la formule jouxtant la précédente *« um seiner Weisheit zu spotten ? »* (pour bafouer sa sagesse ?) (KGW VI.1.25). En dehors de ces figures d'ordre sémantique relevant de la substitution d'éléments, on trouve du début du passage même contenant les occurrences précédentes une « ellipse » soulignée par un double point : *« Ist es*

nicht das: sich erniedrigen » (N'est-ce pas cela : s'humilier) (KGW VI.1.25). L'ellipse est ensuite répercutée à cinq reprises dans cinq formules réitérées à l'identique à deux lignes d'intervalle, et qui structurent elles-mêmes un « parallélisme » quintuple, mis en relief par autant d'« anaphores » : *« Oder ist es das » [...] « Oder ist es das »* (serait-ce de [...] serait-ce de [...] ou de [...]), etc. (KGW VI. 1.25). Le premier membre de ce parallélisme contient une nouvelle figure basée sur le positionnement des éléments qui est la « dérivation » (proximité de termes remontant à la même racine lexicale) : *« um den Versucher zu versuchen »* (afin de tenter le tentateur) (KGW VI.1.25), peut-être encore souligné par l'allure pléonastique de la formule. Le deuxième membre du parallélisme contient manifestement une figure d'ordre « phonique / graphique » basée sur le cumul qui est l'« homéotéleute » (rapprochement de mots ayant les mêmes finales) : *« sich von Eicheln und Gras der Erkenntnis nähren und um der Wahrheit willen an der Seele Hunger leiden »* (KGW VI.1.25). Même chose pour le cinquième membre du parallélisme : *« Die lieben, die uns verachten, und dem Gespenste die Hand reichen, wenn es uns fürchten machen will »* (KGW VI.1.25). Au plan du cumul lexical et syntaxique on a peut-être aussi, dans le quatrième membre du parallélisme, un exemple de « polysyndète » (suite de termes coordonnés) : *« wenn es das Wasser der Wahrheit ist, und kalte Frösche und heisse Kröten nicht von sich weisen »* (si c'est l'eau de la vérité, et de ne point écarter de soi les grenouilles froides et les crapauds cuisants) (KGW VI.1.25). Toujours dans le cadre de ce parallélisme, la figure de substitution sémantique la plus connue (et sans doute la plus répandue dans l'œuvre), à savoir la « métaphore », est représentée : *« von Eicheln und Gras der Erkenntnis »* (des glands et de l'herbe de la connaissance) (KGW VI.1.25) (*« Eichel und Gras »* se substitue ici à *« Baum »* dans la formule consacrée *« Baum der Erkenntnis »*) / *« Wasser der Wahrheit »*. Finalement, l'ensemble du parallélisme avec les alternatives qu'il propose (*Oder...Oder*, etc.) est repris par la formule synthétique *« Alles diess Schwerste »* (Mais l'esprit docile prend sur lui tous ces lourds fardeaux) (KGW VI.1.26), ce qui ressemble fort à ce que Perelman qualifie de « congérie », à savoir une figure d'ordre sémantique reposant sur le cumul et qui énumère les parties d'un tout avant de les synthétiser. Les « répétitions » sont bien entendu dans tout le chapitre à la mesure des nous mentionnerons aussi les procédés de mise en relief tels que la linéarisation expressive[66], ou encore le double point (graphique), très répandu et dont l'effet le plus flagrant est la *mise en relief* des éléments situés en aval sur la chaîne graphique (cataphorisation), et de là, la focalisation sur « ce qui vient après ». En « ciblant » grâce à ces moyens (rhétoriques, graphiques ou syntaxiques) sur certaines séquences, on crée un *effet de présence* diffus qui contribue à créer une « ambiance appellative ».

---

autres figures qui les impliquent (parallélisme, anaphore). Dans la suite immédiate, on trouve encore une *prosopopée* : *« Aber der Geist des Löwen sagt ‚ich will' »* (Mais l'âme du lion dit 'je veux!'), une *personnification* : *« und also spricht der mächtigste aller Drachen »* (Ainsi parle le plus puissant de tous les dragons) / *« Also spricht der Drache »* (ainsi parle le dragon), une « régression » (reprise de mots dans un ordre inverse à l'intérieur d'une phrase) : *« Aller Werth ward schon geschaffen, und aller geschaffene Werth »*, une « antithèse » incorporée à un parallélisme : *« Neue Werthe schaffen - das vermag die Macht des Löwen noch nicht: aber Freiheit sich schaffen zu neuem Schaffen - das vermag die Macht des Löwen »* (Créer des valeurs nouvelles, le lion lui-même n'y est pas encore apte ; mais s'affranchir afin de devenir apte à créer des valeurs nouvelles, voilà ce que peut la force du lion) (KGW VI.1.26). A la fin du chapitre, on relève encore, dans le registre du cumul lexical, une étonnante « énumération » de type asyndétique : *« Unschuld ist das Kind und Vergessen, ein Neubeginnen, ein Spiel, ein aus sich rollendes Rad, eine erste Bewegung, ein heiliges Ja-sagen »* (C'est que l'enfant est innocence et oubli, commencement nouveau, jeu, roue qui se meut d'elle-même, premier mobile, affirmation sainte) (KGW VI.1.27).

66 François Schanen, Jean-Paul Confais, *Grammaire de l'allemand, formes et fonctions*, Paris, 1986, p. 584-590. Le phénomène intervient dès la toute première phrase du premier « discours » : *« Drei Verwandlungen nenne ich euch des Geistes »* (*« Von den drei Verwandlungen »*, KGW VI.1.25).

g) Quant à l'illocution directe qui fait intervenir les *« voluntas signale »*, elle s'actualise soit dans des formules introductrices (*Präsatze : « ich will / du sollst »*), soit (majoritairement dans *Zarathoustra*) dans des *formes* de phrase (injonction, interrogation…), le tout induisant, à l'unisson de l'illocution indirecte véhiculée par l'ensemble des autres indices micro-et macrocommunicationnels, une forme d'*appel* extrêmement *protéiforme*, plus ou moins directif et/ou normatif selon le cas (nous réservons au chapitre suivant le traitement d'une illocution complexe liée au récit).

Or, le simple constat de la prédominance de l'appel dans *Zarathoustra* est déjà en soi du plus haut intérêt. Définie au départ comme « quête » de vérité, la philosophie est « fonctionnellement » à la base du côté de l'« information » : objectivité, impartialité, sobriété sont sa devise. L'*appel*, quant à lui, se situerait plutôt du côté du *mythe* ou de la *religion*, face auxquels la philosophie s'est justement instituée en tant que telle par démarquage, mythe et religion étant en effet surtout injonction à croire. Si une telle simplification est permise, on pourrait dire que pour le mythe ou la religion, *ce à quoi* l'on croit a relativement moins d'importance que le fait qu'il *faille y croire*. Or, n'est-ce pas là ce qui prime aussi dans le *Zarathoustra* ? Le héros, qui se proclame « enseignant », pontifie, séduit et harangue beaucoup plus qu'il n'instruit (ce qui ne signifie aucunement qu'il n'instruit pas ; la « critique des valeurs », par exemple, est liée à l'information). Dans le vocabulaire de la rhétorique ancienne, on pourrait dire que son objectif relève plus du *movere* que du *docere*. En somme, contre toute attente, c'est l'*appel,* et non l'information, qui *prévaut* dans cette œuvre, laquelle se veut pourtant œuvre philosophique. Cette déviance, cette rupture même par rapport aux « conventions illocutoires » du genre, fait pour une bonne part l'originalité du *Zarathoustra*.

2.3 La transmission du vouloir. L'appel comme parabole du vouloir

Mais au-delà du constat de la « densité appellative » de *Zarathoustra*, nous avons aussi voulu - à travers l'analyse nuancée des différents types d'illocutions - montrer qu'un appel d'un type très *particulier* se construisait dans l'œuvre. Comme nous l'avons suggéré plus haut, certaines structures illocutoires complexes jouent dans et à travers le *récit*. Par le biais de ce que nous avons qualifié, à la suite de N. Everaert-Desmedt, de « contrat de séduction », elles contribuent à orienter l'« appel » véhiculé par le *Zarathoustra* dans une direction tout à fait inédite et absolument capitale au plan des signifiances philosophiques.

De fait, en l'observant de près, on constate que le récit de *Zarathoustra* décrit un parcours événementiel et communicationnel original : Zarathoustra lance à ses auditoires (notamment sous forme de harangues) un « appel » aussi riche que varié. Plus précisément, cet appel se déploie en *deux cycles* formellement identiques, le premier englobant la *première partie* (parcours restreint), le second la *totalité* de l'œuvre (parcours global). Tout au long de la première partie, l'appel monte en puissance. Mais paradoxalement, parvenu à son point culminant, cet appel se retourne en son contraire : volontairement, Zarathoustra *abandonne* ses disciples et les encourage à l'abandonner également : *« Allein gehe ich nun, meine*

Jünger. Auch ihr geht nun davon und allein! So will ich es » (*« Von der schenkenden Tugend »* (Je m'en vais seul à présent, mes disciples. Vous aussi, allez-vous-en loin d'ici et partez seuls. Telle est ma volonté) (KGW VI.1.97). Et ce schéma se reproduit au niveau de l'œuvre entière : Zarathoustra disparaît, délibérément là aussi, au moment précis où son public est conquis et où l'« appel » semble prêt à aboutir.

Or, nous considérons pour notre part ces parcours paradoxaux comme une sorte de *parabole du vouloir*, une géniale tentative pour justement essayer d'échapper au paradoxe du vouloir, ce paradoxe qui - comme Nietzsche lui-même le suggère à maintes reprises dans le *Zarathoustra*[67] - se résume dans deux locutions verbales à la fois indissociables et incompatibles *« ich will »* (je veux) /vs/ *« du sollst »* (tu dois). Très schématiquement : qui « veut » impose son « vouloir », lequel dégénère fatalement en « pouvoir » pour celui qui l'exerce, et en « devoir » pour celui qui le subit. Pris dans ce cercle, le vouloir est condamné à se régénérer indéfiniment par la destruction de ses acquis. Ce vouloir, pour continuer à exister, s'inscrit inéluctablement dans un schéma de *création-destruction-recréation*. Pour stimuler le vouloir de ses adeptes, Zarathoustra leur montre - à travers l'appel qu'il leur lance - son propre vouloir. Et il le leur montre bien sûr « en actes », car le vouloir est forcément aussi irréductible à un quelconque « savoir ». Ainsi, ce vouloir se potentialise ; l'appel gagne l'auditoire. Mais du même coup - et c'est là encore une fois son *paradoxe* - ce vouloir

---

67 Le conflit philosophique du *« ich will »* (je veux) et du *« du sollst »* (tu dois) est annoncé dès le premier discours de cette première partie (*« Von den drei Verwandlungen »*).

se délite en pouvoir et en savoir. C'est donc là qu'il s'autodétruit : en se niant, il se *recrée* et s'exacerbe.

Or, le vouloir, d'abord montré, puis nié, laisse un vide, un vide qui est précisément aussi un *appel*. Les disciples de Zarathoustra combleront ce vide par eux-mêmes, car le vouloir est foncièrement *intransitif*. Quand un vouloir est pris pour « objet » par un autre, les deux vouloirs dégénèrent de concert. Le vouloir propre des « disciples » se substituera donc à celui du « maître » (dont le double départ paradoxal ainsi s'explique). Et ainsi de suite dans un cycle sans fin. Ce sont les manifestations textuelles de ces phénomènes que nous avons tenté de saisir avec les notions d'« appel ipséiste » et d'« appel-dépassement ». On ne peut vouloir qu'en niant ce qu'on a voulu et obtenu. Le vouloir est création continuée : il ne perdure qu'en faisant table rase de ses acquis et il prospère d'autant plus qu'il est apte à sacrifier - et cela une infinité de fois - ses réalisations les plus remarquables, ses biens les plus précieux et jusqu'à sa propre existence (*appel-dépassement*). Le second type d'appel, *l'appel ipséiste*, suggère qu'il n'est d'autre moyen de susciter le vouloir d'autrui que de le laisser vouloir par lui-même.

Certes, il faut - pour qu'une philosophie telle que celle de Nietzsche ait un sens - que le vouloir se *transmette*. Le vouloir nietzschéen est supra-individuel : vouloir, c'est *vouloir que les autres veuillent*. Mais vouloir que les autres veuillent signifie toujours « laisser vouloir » et jamais « faire vouloir ». Autrement dit la transmission ne peut se faire que par « contagion ». Cette transmission s'opère dans la *continuité* et non dans l'opposition des vouloirs : « Je veux *et* tu veux », mais surtout pas « je veux *donc* tu veux ! ». La *suggestion* est de mise, non l'injonction. Bien sûr Zarathoustra ordonne souvent, mais au final il retire ses ordres en se retirant lui-même ; globalement, le vouloir des autres n'est pas contraint, mais *suscité*.

C'est donc dans ce contexte que nous avons retenu - entre autre - l'idée de *contrat* de séduction (*cf. supra*). Par ses discours et ses actes Zarathoustra séduit ses « disciples » et fait naître en eux le désir, donc le vouloir. Elément capital : il n'y a dans ce procès aucune forme de coercition, aucune forme d'arraisonnement intellectuel (on parle souvent en ce sens d'arguments « contraignants »), psychologique (manipulation) ou à plus forte raison physique. A propos de l'« appel » lancé par Zarathoustra à ses auditoires, nous parlons également volontiers d'« empathie » (*« Einfühlung »*). Vu du côté de Zarathoustra, cela pourrait aussi s'appeler du charisme !

Par ailleurs, puisqu'on ne pouvait conceptualiser le vouloir, il fallait le montrer « en exercice ». Comme nous avons essayé de le prouver en d'autres lieux[68], le vouloir, par sa nature même, ne peut s'inscrire dans le concept fixe et abstrait ; selon l'expression de Nietzsche : dans des « notions momifiées » (*Mummienbegriffe*). Ce vouloir exige donc un « vecteur » à sa mesure, par exemple la *métaphore* (qui littéralement transporte d'un lieu à l'autre), et de la même façon, il demande aussi la *parabole*, seule susceptible de montrer ce vouloir « en marche », pris sur le vif dans un récit existentiel. Les discours et les parcours de Zarathoustra, la parabole qu'ils décrivent, étaient donc sans doute le seul moyen

68 *L'écriture métaphorique dans le Zarathoustra de Nietzsche, Lectures d'une œuvre, Also sprach Zarathoustra, op. cit.*, p. 189-205.

d'expression adapté au vouloir nietzschéen. Ce que Zarathoustra ne peut plus enseigner car ce n'est pas enseignable - le surhomme, l'éternel retour, la volonté de puissance qui sont en définitive des variantes de ce que nous qualifions synthétiquement de « vouloir » - il le *vit* sous nos yeux, il l'*expérimente* dans le trajet asymptotique qui le conduit, par la force de son vouloir, du néant à l'accomplissement et, par une surenchère de ce même vouloir, de l'accomplissement au néant. La signifiance philosophique véhiculée par l'*appel* est ici gravide de sens.

2.4 Le « trope communicationnel » au service du vouloir

De là, pourquoi ne pas imaginer un schéma communicationnel à *deux étages* ? Pourquoi ne pas lire derrière ces parcours fictionnels, un autre parcours communicationnel, réel celui-là, qui lierait *Nietzsche à son lecteur* ? C'est l'hypothèse que nous avons faite, nous appuyant en cela sur la notion de « trope communicationnel » développée par C. Kerbrat-Orecchioni (*cf. supra*). Plusieurs indices convergents semblent confirmer cette hypothèse ; par exemple le fait que dans *Ecce homo*, Nietzsche présente lui-même rétrospectivement son livre comme une « action » (qui lui serait donc imputable en propre) : *« Mein Begriff "dionysisch" wurde hier höchste Tat »* (Ma notion de « dionysiaque » est ici devenue action au sens fort du terme) (KGW VI.3.341). Dans la même œuvre, l'auteur évoque encore l'écriture du *Zarathoustra* comme un acte de dépassement, un combat contre soi-même où il aurait eu à combattre - par une surenchère du vouloir - des « forces défensives » (*Defensiv-Kräfte*) insinuées en lui et hostiles à son projet (*cf. supra*). La lutte exténuante supposée s'être déroulée dans la conscience du philosophe - sorte de pendant intérieur du doublé actif-réactif qui pour Nietzsche régente l'ordre extérieur et le monde - est déjà en soi une véritable *performance* vitale ; même la production du *Zarathoustra* en tant qu'œuvre (telle que le philosophe la relate rétrospectivement dans *Ecce homo*) est présentée comme un acte de vouloir exacerbé. De là à penser que l'un des objectif de Nietzsche était justement la *transmission* de ce vouloir, il n'y a qu'un pas.

Encore une fois, l'œuvre de Nietzsche ne peut se réduire au pur esthétisme ; elle n'a pas non plus pour objectif unique de communiquer un savoir. Quelle autre vocation lui reste-t-il que justement celle de transmettre un vouloir ? Un tel potentiel de volonté ne pouvait rester forclos et replié sur soi. L'hypothèse du *fonctionnement tropique* et du schéma communicationnel à deux étages est, à notre avis, loin d'être aberrante. On l'a vu : par son retrait Zarathoustra « laisse vouloir » son auditoire. C'était là sans doute le seul moyen de contourner le paradoxe de la transmission du vouloir. Et de la même façon, Nietzsche « laisse vouloir » son lecteur. Il lui donne à lire une fiction, un récit existentiel qui est lui-même une parabole du vouloir (création-destruction-recréation). Mais il la lui donne à l'état « brut », sans consignes, sans clés de lecture. Afin de ne pas contrevenir à la nature même du vouloir, qui, par définition, *ne s'impose pas*, Nietzsche, par la neutralité philosophique qu'il affiche, laisse en fait le lecteur « vouloir » son œuvre. Ce lecteur peut adhérer ou ne pas adhérer à la parabole du vouloir que lui présente Nietzsche. L'option d'une lecture au « premier degré » reste ouverte ; on peut fort bien appréhender *Zarathoustra* comme une simple fiction, ignorer ses possibles implications dans la réalité communicationnelle. Mais on peut aussi faire une lecture au second degré, lire le *Zarathoustra* sur un mode tropique (c'est cela en fait le véritable objectif philosophique !), en « prenant pour soi » les propos de Zarathoustra. En tout état de cause, l'adhésion du lecteur à la parabole du vouloir, le fait qu'il la comprenne comme telle et en tire éventuellement des conséquences pour sa propre gouverne, doit être - de la part de ce lecteur - un *acte de vouloir*. Pour rester cohérent avec lui-même, Nietzsche ne pouvait s'accommoder d'un lecteur veule qui se contente de « digérer » des enseignements.

3. Conclusions

Le *Zarathoustra* dont on a souvent - au mépris des allégations de l'auteur lui-même - méconnu la portée philosophique, se révèle être au final une œuvre aussi riche (sinon plus) par sa forme que par ses contenus. Les signifiances discursives mises au jour nous révèlent une philosophie qui se questionne jusque dans les modalités de son « dire », interrogeant un discours millénaire, fréquemment aveugle à lui-même, dans lequel elle refuse de s'inscrire tacitement. La vérité est et reste tributaire du *discours sur la vérité* qui entend la révéler. Derrière le résultat inquestionné que pourvoit l'histoire épiphanique de la vérité et de l'être, Nietzsche sonde les sources, il ressaisit les genèses et les dynamiques qui agitent les profondeurs d'un discours dont on n'a voulu voir que la surface. C'est bien d'une *refonte* qu'il faut parler, une refonte qui engage, pourrait-on presque dire, l'onto- et la phylogenèse de l'œuvre, du discours générique et individuel qui la porte et lui donne forme et corps dans une langue. Plus qu'un « donné » abouti, *Zarathoustra* est montré comme un *procès* en marche, en prise constante avec ce dont il n'est ni plus ni moins qu'une manifestation fluctuante et adventice : *la vie*.

Mais le *Zarathoustra* comporte un autre versant, finalement complémentaire du premier : si la plupart des ouvrages philosophiques se veulent des sommes de « savoir », le *Zarathoustra* apparaît, lui, comme le « livre du vouloir ». Le vouloir est partout, dans et autour de *Zarathoustra*. Il se reflète bien sûr dans la thématique (surhomme, éternel retour, volonté de puissance), dans la configuration interne de l'œuvre (récit en forme de parabole), dans les caractéristiques communicationnelles aussi bien en amont qu'en aval. Il se reflète dans la *production*, mais il se reflète aussi (et peut-être surtout) dans la *réception* (ou du moins dans la réception anticipée) de l'œuvre, œuvre qui est de part en part appel, *appel à vouloir*.

L'exégèse nietzschéenne a beaucoup critiqué l'opacité théorique du *Zarathoustra*. Pourtant *Zarathoustra* fait partie des œuvres qui ont fait couler le plus d'encre. Ce simple constat illustre peut-être mieux que tout le reste ce que Nietzsche entendait faire et ne pas faire : *mobiliser* les énergies plutôt que *grossir* les savoirs. Dans ce contexte la philosophie de Nietzsche apparaît comme une philosophie de l'action, une philosophie de l'« expérimentation », à la fois poussée jusque dans ses ultimes conséquences, et étonnamment cohérente avec elle-même. Manifestation de la vie, cette philosophie a pour vocation de retourner nourrir la vie et ses mille expériences[69], en suscitant, en potentialisant et en reflétant ce qui la nourrit elle-même : le *vouloir*.

C'est là l'une des dimensions les plus frappantes qui émerge du Zarathoustra et qui caractérise peut-être la philosophie de Nietzsche dans son ensemble : la *spécularité*. La façon dont cette philosophie s'écrit et s'inscrit dans l'interdiscours philosophique est aussi le reflet de ce qu'elle énonce sur le plan doctrinal. S'il est vrai que la philosophie entend - par sa nature même - embrasser le « tout », elle ne peut, en tant qu'instance « interprétante » incluse dans ce « tout », rester aveugle et sourde aux modalités de sa propre existence et laisser inquestionné le « dire » qui la fait advenir comme telle. Avec *Zarathoustra*, la *philosophie de la vie* se fait en quelque sorte consubstantielle à la *vie de la philosophi*e ; nous pensons que cette spécularité - manifeste, délibérée et concertée comme elle semble l'être - constitue un tournant significatif dans le paysage philosophique. Nous reviendrons sur ce point à la fin de cet ouvrage.

---

69 En liaison avec le côté « expérimental » de la philosophie, l'*Experimental-Philosophie*, un auteur comme Volker Gerhardt écrit : *« Eine Philosophie [...] die den Willen zur Macht nicht nur erkennt, sondern die anerkennt, dass sie selbst auch " nur " eine Äußerung des Willens zur Macht ist »* (Une philosophie [...] qui non seulement découvre la volonté de puissance, mais qui reconnaît qu'elle est elle-même « seulement » une manifestation de cette volonté de puissance) (Volker Gerhardt, *Pathos und Distanz, Studien zur Philosophie Friedrich Nietzsches*, *op. cit.*, p. 175).

II. Heidegger : *Unterwegs zur Sprache*

1. La langue-être (*ontos/logos*)

Le rôle capital joué par le langage et la langue (la grecque ou l'allemande) dans la philosophie de Heidegger est bien connu. Le Heidegger de la maturité jongle avec les mots autant qu'il manie les notions, ce qui a d'ailleurs souvent conduit ses exégètes à le positionner à la croisée des chemins entre philosophie et poésie. Au final, Heidegger en arrive même à ne plus s'intéresser qu'au langage *per se* et à le proclamer consubstantiel à l'être, cela à telle enseigne qu'un auteur tel que Arion L. Kelkel[70] qualifie la philosophie de Heidegger d'onto-logique (*ontos* : Etre ; *logos* : parole).

Le Heidegger tardif « ontologise » la langue ; cette affirmation en apparence quelque peu péremptoire sera donc le point de départ d'une investigation portant sur l'écriture d'un philosophe dont la pensée débouche avec une rare radicalité sur la *question* du langage. Il va de soi par ailleurs - et c'est ce qui justifie une telle étude - que l'expérimentation que Heidegger mène avec la langue et le langage participe à nos yeux d'une démarche qui reste de bout en bout *philosophique.* La formule-leitmotiv de l'essai *Die Sprache* : *« Die Sprache spricht »* (La parole parle), formule emblématique s'il en est de l'ontologie de

70 *La légende de l'être, langage et poésie chez Heidegger*, Paris, Vrin, 1980.

la langue, est, selon nous, tout sauf l'indice d'un repli désabusé dans la forclusion d'une formule tautologique suggérant le renoncement philosophique ou l'abandon gratuit et sans suite au « dict » d'une poésie livrée à elle-même. Pour reprendre la formule à valeur de programme lancée, comme une sorte d'appel à continuation, par Arion L. Kelkel dans son ouvrage *La légende de l'être*, nous avons cherché à « interroger directement la matière langagière de sa pensée [celle du Heidegger tardif] décrire le physique des mots et la tactique de leurs arrangements »[71]. Pour des raisons sur lesquelles nous reviendrons, nous rajouterions : dans un *texte*.

Pour retracer de façon nécessairement très schématique le parcours de Heidegger, il faut rappeler qu'il fut d'abord disciple de Husserl et héritier de la phénoménologie. Le Heidegger de *Sein und Zeit*, se positionnant sur le terrain du « retour aux choses elles-mêmes » (*« Zurück zu den Sachen selbst »*) défriché par Husserl, fait du langage un dérivé ontologique enraciné dans la *facticité* du *Dasein.* Le statut dérivé du langage se reflète d'ailleurs au niveau de la structure même de l'ouvrage, qui - de façon très délibérée - n'aborde que fort tardivement la question du langage : *« Dass jetzt erst Sprache Thema wird, soll anzeigen, dass dieses Phenomen in der existentialen Verfassung des Daseins seine Wurzeln hat »*[72] (Le fait que nous traitions seulement maintenant du langage est censé montrer que ce phénomène a ses racines dans la

---

71 *Ibid.*, p. 606.

72 *Sein und Zeit*, Halle, 1927, Tübingen, Max Niemeyer Verlag, 12ème édition, 1972, p. 160.

constitution existentiale du *Dasein*[73]). En d'autres termes, le langage n'étant pas lui-même présent de manière originaire, il se détache progressivement sur fond de facticité : un *dysfonctionnement* de l'ustensile (*Zeug*) vient perturber notre *praxis* orientée, permettant à cet ustensile - jusque-là sans véritable consistance et pour ainsi dire « noyé » dans la *praxis* dans laquelle nous évoluons - de devenir « objet subsistant », lequel objet subsistant sert ensuite de support au signe (*Zeichen*) qui rend le langage possible. C'est cette perturbation du « complexe ustensile » (*Zeugganze*) qui produit le passage décisif du *womit* (avec quoi) au *worüber* (au sujet de quoi) d'où émerge l'objet en tant que tel, puis l'objet théorique susceptible de devenir le *signe* d'autre chose. Loin d'être premier, le signe n'est en somme que le devenir *possible* de l'ustensile et ce n'est pas un hasard si Heidegger qualifie le signe de *Zeigzeug* (littéralement : l'ustensile qui montre) ; langue et langage n'ont originairement aucun lieu propre, ils émergent sur fond de facticité comme orientations et prolongements hypothétiques et aléatoires d'une *praxis* d'abord instrumentale, comme réorientations possibles (« en tant que ceci ou cela ») d'une seule et même *visée*, chose que résume d'ailleurs parfaitement la formule fréquemment citée : *« Das Dasein hat Sprache »* (Le *Dasein* possède la parole)[74] (ce *Dasein* pourrait tout aussi bien se manifester sous une forme non langagière).

Mais précisément, dans son refus (hérité de Husserl et de la phénoménologie) de s'éloigner du vécu immédiat et de ne pas céder aux sirènes du logocentrisme et de

---

73 Face à la pluralité des traductions de *Sein und Zeit*, nous choisissons de proposer notre propre traduction des citations.
74 *Ibid.*, p. 167.

l'« idéocentrisme » qui avait marqué la tradition métaphysique, Heidegger était sans doute voué à rencontrer de manière d'autant plus brutale l'aporie consistant à vouloir d'un côté faire du langage et de la langue des dérivés ontologico-existentiaux du *Dasein*, et de l'autre manifester ce *Dasein* à l'aide d'une langue déterminée. *Sein und Zeit* est aussi une tentative de destruction du langage métaphysique, auquel Heidegger se heurte d'ailleurs constamment et qu'il s'efforce tout aussi constamment de circonvenir, comme l'attestent les nombreux néologismes. L'échec de cette tentative (la 3ème partie programmée de *Sein und Zeit* ne sera pas publiée), le constat final de l'insuffisance (*Sprachnot*) du langage métaphysique (galvaudé par l'usage et inféodé aux représentations spatialisantes[75]) à manifester le sens de l'être induiront la célèbre *Kehre*, le revirement, que l'on situe généralement aux alentours de 1935 avec l'Essai sur l'origine de l'œuvre d'art (*Der Ursprung des Kunstwerkes*). Pour Heidegger, il est devenu inconcevable - ne fût ce que par la parole - de sédimenter, de figer le *Dasein* dans l'espace, alors que ce dernier est foncièrement projection,

---

75 A la fin de *Sein und Zeit*, Heidegger fait une allusion frappante à cette sujétion de la langue aux représentations spatialisantes : *« Die Selbstauslegung des Daseins und der Bedeutungsbestand der Sprache überhaupt weitgend von ‚räumlichen' Vorstellungen durchherrscht ist. Dieser Vorrang des Räumlichen in der Artikulation von Bedeutung und Begriffen hat seinen Grund [...] in der Seinsart des Daseins »* (L'auto-élucidation du *Dasein* et les significations de la langue dans son ensemble sont largement dominées par des représentations « spatiales ». Cette préséance de la spatialité dans l'articulation entre signification et notion trouve son origine [...] dans le type d'être que constitue le *Dasein*) (*ibid.*, p. 369).

ouverture, pur mouvement inscrit dans la temporalité[76]. Du même coup, la problématique du *dire* de l'être supplante celle du *sens* de l'être, inaugurant précisément cette quête que nous qualifions d'ontologisation de la langue. La langue et le langage sont devenus l'*impensé* ultime dont la philosophie ne peut s'affranchir et sur lequel elle ne peut faire l'impasse sans se détruire elle-même.

La quête de Heidegger prendra après *Sein und Zeit* diverses formes. Avec *Introduction à la métaphysique* (*Einführung in die Metaphysik*[77]), Heidegger focalise son attention sur le fait encore inquestionné que l'être, exploré par l'ensemble de la tradition métaphysique depuis ses origines, se dit finalement *dans un mot*, mieux : qu'il n'y a d'être *que dans et par* ce mot. En rappelant les sources grecques initiales, il cherche donc à retrouver le pouvoir évocateur (*nennkraft*) de ce mot « être » rendu vide et exsangue par l'usage. Rattaché aux *Grundworte* dont il procède (*asus* : ce qui subsiste par soi, *phusis* : ce qui entre dans la lumière et *wesan* : le fait de rester, de séjourner), le mot « être » retrouve, derrière le sens voilé et érodé par l'usage, un sens plein originel ; il devient, indépendamment même des caractéristiques sonores ou graphiques qui le définissent, le mot qui est implicitement présent dans *tous les autres* mots de la langue, chaque signification étant en quelque sorte « portée » de façon invisible par ce sous-entendu incontournable qu'elle « est ». Par corollaire, le mot « être » est donc toujours en-deçà ou au-delà de ce qu'il est en apparence ; insaisissable, il ne peut précisément être arraisonné et assigné à résidence

---

76 Le *Dasein* est « projet » (*Entwurf*) dont l'horizon de déploiement est la « temporalité » (*Zeitlichkeit*), cf. *Sein und Zeit, op. cit.*

77 Tübingen, Niemeyer, 1953.

par la pensée conceptuelle, laquelle est au contraire invitée à se défaire de ses velléités d'appropriation pour venir *séjourner* en lui. Le mot « être » est en somme le premier lieu où s'opère le retournement de la démarche phénoménologique qui fait *basculer* radicalement l'ontologie du côté de la *langue.*

Méditant un poème de Stefan George, Heidegger tentera, d'une autre façon, de proposer un mode original de *donation*, de dispensation de l'être par le mot : *« Vom Wort [...] dürfen wir nie sagen : Es ist, sondern : Es gibt »* (Nous devons jamais [...] dire de la parole : elle est, mais : elle donne)[78], écrit-il, utilisant dans la foulée la formule *« es, das Wort, gibt »*[79], formule ambivalente et intraduisible suggérant tout à la fois que le « mot » est bien donateur, dispensateur de l'être, mais que cette donation n'est pas focalisée en lui. La donation de l'être par le mot est en somme irréductible à un quelconque schéma ; la formule *« es, das Wort, gibt »* oscille sans parvenir à se fixer. Son sujet « flottant » peut tout aussi bien être le *« es »* que *« das Wort »*, vouant cette donation à demeurer conjointement *retrait.* Elle n'avance jamais jusqu'à la plénitude de sa réalisation et l'être qu'elle dispense n'est au final qu'une oscillation que la pensée ne peut s'approprier ; cet être, écrit Heidegger, est simplement « digne d'être pensée » (*denkwürdig*). Le « mot décisif pour le mot » *(« das entscheidende Wort für*

---

78 *Unterwegs zur Sprache, « Das Wort »* , Tübingen, Neske, 4ème éd., 1971. Jugeant la traduction Beaufret, Brokmeier, Fédier, souvent trop éloignée de la lettre du texte allemand (qui est pour nous lourde de sens), nous proposons, sauf exception, notre propre traduction des citations *extraites de Unterwegs zur Sprache (Acheminement* vers la parole).

79 *Ibid.*, p. 194.

das Wort »[80]) est évoqué comme un « joyau » (*Kleinod*) ou un « trésor » (*Schatz*) qui glisse indéfiniment entre les mains du poète : *« Der Schatz, den das Land des Dichters nie gewinnt, ist das Wort für das Wesen der Sprache »* (Le trésor que la contrée du poète n'atteint jamais est le mot qui désigne l'être de la parole)[81]. Secret indéchiffrable, questionnement sans fin, impensé qui est simplement digne d'être pensé (*denkwürdig*), l'« être » de la parole, ou de la langue, présente de toute évidence cette structure foncièrement « ouverte » qui, remarquons le, était déjà le propre du *Dasein*.

Il faut en quelque sorte que la langue ne soit *précontrainte* par rien, ni par des signification qui l'« habiteraient » et dont elle serait l'expression, ni par des fonctions qui lui seraient assignées de l'extérieur, comme celle qui consiste à assurer la communication entre les hommes, ni par des conceptions linguistiques qui voudraient la faire entrer dans telle ou telle norme. Bref, comme Heidegger l'énonce dès la conférence de 1936 sur Hölderlin et l'essence de la poésie, ce qui importe est la révélation de l'ouverture de l'étant à son être *dans la langue*. C'est en nommant « pour la première fois » que la langue peut faire exister cette ouverture, sous la forme d'un *avènement* : *Ereignis*[82]. *Ereignis* par ailleurs étroitement lié à ce que Heidegger dénomme la *Sage*, laquelle *Sage* réussit l'exploit de condenser en un seul mot

80 *Ibid.*, p. 237.

81 *Ibid.*, p. 236.

82 Certains auteurs, comme Marlène Zarader, considèrent l'*Ereignis* comme le second tournant (après la *Kehre*), la seconde rupture de la pensée heideggerienne (cf. *Heidegger et les paroles de l'origine*, Paris, Vrin, Bibliothèque d'Histoire de la Philosophie, 1986).

tout ce qui libère la langue et le langage de ce qui les enchaîne : le fait de dire (*sagen*) qui renvoie aux *circonstances* de l'énonciation, ce qui est dit (*das Gesagte*), à savoir le message effectif (*information*) et finalement ce qui est à dire (*Zu-sagende*) qui peut se rapprocher de l'*intention* de signification. En fusionnant dans la *Sage* ces facteurs de précontrainte de la langue et du langage perdent leur *impact actualisant* et paradoxalement *libèrent* langue et langage de leur dimension instrumentale. La *Sage* constitue un moment important de l'ontologisation de la langue.

Chez le Heidegger tardif, c'est dans la poésie, elle-même apparentée à la fois à l'*Ereignis* et à la *Sage*, que se révèle finalement l'être de la langue, cette dernière étant prise non comme objet, mais comme « expérience » inédite, cette expérience étant bien entendu d'un ordre très différent de celui de l'« utiliser ». Il est impossible de réduire, de ramener ou d'inféoder la langue à autre chose qu'elle-même, on ne peut l'expérimenter qu'à partir d'elle-même, en restant sur son terrain : *« Die Sprache als die Sprache zur Sprache bringen »* (Faire parler la langue en tant que langue)[83]. De là, il est aisé de comprendre que l'approche de la langue et du langage se feront, nous dit Heidegger, non sur le mode de la saisie, mais sur celui de l'« écoute », de la « correspondance »[84], de l'« appartenance »[85] ou encore de celui de l'« habiter »[86], l'ontologisation de la langue culminant en

83 *DS*, p. 242. (nous utilisons désormais cette abréviation pour l'essai *Die Sprache* ; nous utilisons l'abréviation *US* pour l'ouvrage dont il est extrait : *Unterwegs zur Sprache*).

84 *« Das hörend-entnehmendes Sprechen ist Ent-sprechen »* (*DS*, p. 32).

85 *« Wir hören sie [die Sprache], weil wir in sie gehören »* (*US*, p. 255).

86 *« Alles beruht darin, das Wohnen im Sprechen der Sprache zu lernen »* (*DS*, p. 33).

quelque sorte dans l'assimilation de cette dernière à la « Maison de l'Etre » (*Haus des Seins*). Partant de la position opposée de *Sein und Zeit* où Heidegger ancrait le langage dans la facticité du *Dasein,* le trajet initié par la *Kehre* confirme donc son engagement progressif dans la problématique du *dire* de l'être, qui débouche sur l'ontologie de la langue et la poésie. Evoquant le parcours de Heidegger H. Meschonnic écrit qu'il est « caractérisé par la disparition du discours (*Rede*) et le rassemblement sur la seule *Sprache* de la réflexion sur le langage, c'est-à-dire à la fois l'achèvement de la disparition élocutoire du sujet, et de l'essentialisation de la langue »[87].

Notre hypothèse de départ était donc qu'il fallait bien que, d'une façon ou d'une autre, l'écriture du Heidegger tardif reflétât son projet philosophique autrement qu'au niveau du concept, dont Heidegger - tout comme Nietzsche mais pour d'autres raisons - dénonçait justement l'insuffisance philosophique en l'inféodant à la « parole » (*Sprache*). Par ailleurs, le dernier Heidegger n'ayant pu à nos yeux délaisser purement et simplement le terrain philosophique pour s'abandonner au « dict » d'une parole poétique livrée à elle-même et donc forclose, nous avons voulu (nous efforçant en cela de dépasser le pastiche et la redite qui entachent l'exégèse du Heidegger tardif) analyser de façon détaillée et en quelque sorte *faire parler* la langue que Heidegger lui-même utilise alors même qu'il prétend laisser parler la langue. Plus précisément, nous positionnant une nouvelle fois en contrepoint d'une tradition d'exégèse heideggerienne à orientation

87 *Le signe et le poème*, Paris, Gallimard, Nrf Le Chemin, 1975, p. 286.

linguistique axée sur le « mot » ou le syntagme isolé, nous avons voulu centrer notre approche sur le *texte* et ses *structures*, fixant notre choix principalement sur un écrit, à nos yeux emblématique, dont le nom résume en un seul mot la focalisation ontologique du Heidegger tardif sur la langue : *Die Sprache*.

Avant de tirer les conclusions philosophiques de nos observations, nous aborderons successivement à propos de ce texte, nous appuyant sur un *intrumentarium* de concepts linguistiques, les aspects *thématique*, *syntaxique*, les aspects ayant trait aux *structures non linguistiques* et finalement les aspects *discursifs* impliquant notamment une série de phénomènes énonciatifs.

2. Le texte de *Die Sprache*

2.1 Organisation thématique

L'ensemble du texte de *Die Sprache* est structuré par deux grands complexes thématiques ou champs *poly-isotopiques*[88] cristallisant 1) le point de vue de Heidegger et 2) le point de vue d'un interlocuteur fictif qu'il met constamment en scène et auquel il s'oppose. Affinée, l'analyse thématique montre que ces deux complexes sont eux-mêmes constitués d'isotopies s'opposant par paires.

88 Pour ces notions et celles qui suivent nous nous inspirons notamment de Rastier (Rastier, François, *Sens et textualité*, Paris, Hachette, langue, Linguistique, Communication, 1989) et de Greimas (Greimas, Algirdas, Julien, *Sémantique structurale*, Paris, PUF, Formes Sémiotiques, 1986).

Le complexe 2, cristallisant le point de vue opposé à celui de Heidegger, prône une *saisie objective* de la langue et du langage (qui peut être, par exemple, celle du linguiste), eux-mêmes conçus comme les instruments d'une *saisie objective* du monde. Cette saisie objective *de* et *par* la langue et le langage s'accompagne fréquemment d'une certaine *violence dominatrice*. Le complexe 1, cristallisant le point de vue de Heidegger, remet fondamentalement *en question* cette objectivité et cette appropriation violente. Comme l'indique son titre, l'essai traite globalement de la « parole », en l'occurrence de deux approches possibles que l'on peut adopter à son encontre. Ainsi, le premier complexe thématique inclut des isotopie articulées (entre autres) autour :

- du *positionnement spatial*, ex. : les 23 occurrences du verbe *« vorstellen »*, littéralement « placer devant »,
- de la *délimitation spatiale* ; fréquence des verbes à racine *grenz-* : *« vom Wesen der Sprache eine Vorstellung geben und diese gegen andere Vorstellungen abgrenzen »* (donner une représentation de l'être de la parole et la délimiter par rapport à d'autres représentations)[89] / *« das Wesen der Sprache so zu umgrenzen »* (délimiter ainsi l'être de la parole)[90], etc.,
- de la *détermination temporelle* , ex. : *« Aber zu meist und zu oft begegnet uns das Gesprochene nur als das Vergangene eines Sprechens »* (Mais la plupart du temps et trop souvent, ce qui est dit ne nous parvient que comme le passé d'un dire)[91], occurrence particulièrement riche en éléments connotant la détermination temporelle,

---

89 *DS*, p. 11-12.
90 *DS*, p. 14.
91 *DS*, p. 16.

- de la *causalité,* ex. : *« Die Sprache erwirkt und er-gibt erst den Menschen »*[92], occurrence difficilement traduisible où la densité lexicale des lexèmes connotant la causalité s'accompagne de la scission *« er-gibt »*, qui suggère que le « langage» serait la cause immédiate de de la donation (*gibt*) de l'« homme » (aspect causatif du préverbe *er-* mis en relief),

- de la *violence / domination,* ex. : *« die Sprache überfallen »* (assaillir la parole)[93] / *« Sie [die richtigen Vorstellungen von der Sprache] behaupten [...] das Feld »* (Elles [les représentations adéquates de la parole] occupent le terrain)[94] / *« in die Vorstellung von der Sprache gebannt, die seit Jahrtaudenden herrscht »* (enfermés dans une conception de la parole qui règne depuis des millénaires)[95].

Ces isotopies sont mises - quasiment terme à terme - en regard de leurs opposées dans l'autre complexe :

- *a-positionnement spatial* ; utilisation alternative du même verbe *« vorstellen »*, ici systématiquement nié,

- *illimitation spatiale*, ex. : *« Der Satz : « Sprache ist Sprache lässt uns über einen Abgrund schweben »* (La phrase : « La parole est la parole » nous met en suspension au-dessus d'un précipice)[96] / *« Der Unter-Schied hält von sich her die Mitte auseinander, auf die zu und durch die hindurch Welt und Ding zueinander einig sind »* (La différence tient ouvert à partir d'elle-même le milieu vers lequel et à travers lequel monde et chose sont unis)[97],

92 *DS*, p. 14.
93 *DS*, p. 12.
94 *DS*, p. 15.
95 *DS*, p. 19.
96 *DS*, p. 13.
97 *DS*, p. 25.

- *indétermination temporelle*, ex. : une des (nombreuses) formules paradoxales jouant sur l'incompatibilité temporelle : *« Indem der Ruf herruft, hat er dem Gerufenen schon zugerufen »* (Lorsqu'il appelle, l'appel a déjà adressé son appel à ce qu'il appelle)[98],

- *a-causalité*, ex. : utilisation manifestement littérale et étymologique du terme allemand *« Abgrund «* (absence de cause) / *« Wir möchten die Sprache weder aus anderem, das sie nicht selber ist, begründen, noch möchten wir anderes durch die Sprache erklären »* (Nous ne souhaitons ni donner à la parole un fondement à partir de ce qu'elle n'est pas elle-même, ni éclairer quoi que ce soit d'autre à partir de la parole)[99],

- *humanité / aménité* ; isotopie opposée à la « violence / domination » dans le complexe 2 ; ex. : « laissant » parler le poème de Trakl, Heidegger évoque fréquemment la parole que celui-ci véhicule à l'aide de verbes de type *« nennen »* : *« Dieses Sprechen nennt den Schnee »* (Ce parler nomme la neige)[100], *« rufen »* : *« Was ruft die erste Strophe?»* (Qu'appelle la première strophe ?)[101], voire *« kommen heissen »* : *« Sie ruft Dinge, heisst sie kommen »* (Elle appelle les choses, les invite à venir)[102], *« einladen »* (inviter). Ces vocables à connotation « humaine », voire « amène » (ce sont généralement des « hommes » qui « nomment », « appellent » ou « invitent »), peu usuels dans le contexte de « commentaire » où ils apparaissent, sont regroupés de

98 *DS*, p. 21.
99 *DS*, p. 12-13.
100 *DS*, p. 20.
101 *DS*, p. 21.
102 *DS*, p. 21.

façon extrêmement condensée dans certaines occurrences : *« In solche Ankunft heisst der nennende Ruf kommen. Das Heissen ist Einladen. Es lädt die Dinge ein »* (L'appel qui nomme nous invite à nous rendre dans cette destination. L'appeler est invitation. Il invite les choses).

Le complexe 1 (point de vue de Heidegger) comporte, par ailleurs, une isotopie sans correspondant biunivoque dans l'isotopie opposée, mais qui s'oppose en quelque sorte à toutes. On peut étiqueter cette isotopie omniprésente : *identité/ipséité*, du fait des formules tautologiques traduisant le repli sur soi, l'identité de soi à soi, notamment celles (fort nombreuses et *a priori* surprenantes) qui sont articulées autour du mot *« Sprache »* : *« Die Sprache spricht »* [leitmotiv de l'essai], *« Sprache ist Sprache »*, *« Sprechen der Sprache »*, *« Sprache als Sprache »*, etc., mais aussi autour d'autres lexèmes, tel que *« ding- »* (chose) : *« Dingend sind die Dinge Dinge »*[103], *« Dingen der Dinge »*, etc., *« Welt »* (monde) : *« Welt in ihr Welten »*, *« Welten der Welt »*, *« Welt ins Welten »*, etc.

En somme, au vu de ces isotopies, on peut qualifier synthétiquement le complexe 2 d'*extensif-quantitatif*, le complexe 1 étant à l'opposé *intensif-qualitatif*.

Tout se passe comme si Heidegger s'efforçait de montrer de manière exhaustive tout et son contraire, d'opérer à toute force une *totalisation* des thèmes, y compris de ceux qu'il tient pour erronés (point de vue opposé à celui de Heidegger). En termes d'effets de sens, le texte heideggerien a cette propension à tout inclure, et surtout à inclure ce qu'il ne veut surtout pas dire, ce qui pourrait (et devrait) éventuellement être dit dans d'autres

103 *DS*, p. 22.

textes par d'autres énonciateurs philosophiques. Un seul texte tend donc à se transformer en *architexte*, phénomène que l'on peut qualifier de *textualisation*, la mise en regard biunivoque des thèmes des deux complexes créant par ailleurs un effet *contextualisant* qui lie entre elles toutes les parties de cet architexte.

On fera au passage (nous aurons l'occasion de retrouver plus loin ce parallélisme) un rapprochement intéressant entre cette organisation thématique et certaines caractéristiques constitutives du *Dasein* qui, héritant, comme l'énonce Heidegger, de la nature « apophantique » du phénomène, tend lui aussi à se montrer de *part en part*, le « faux », loin d'être relégué dans le non-existant, n'étant que ce qui est encore recouvert ou non-encore-découvert. La relation réductrice vérité / non vérité est, chez le Heidegger de *Sein und Zeit*, remplacée par le rapport totalisant découvrement (*Entdecken*) / recouvrement (*Verdecken*) sur fond d'ouverture (*Erschlossenheit*). Il importe donc de souligner ici l'*isomorphisme* de structure flagrant avec l'organisation thématique à la fois oppositive et totalisante de *Die Sprache*, incluant aussi bien le point de vue de Heidegger que le point de vue opposé à ce dernier. L'interdépendance des thèmes dans l'essai (contextualisation) rappelle en outre de manière assez frappante l'*interrelationnalité*, qui est une structure constitutive de la facticité de l'être-dans-le-monde (*In-der-Welt-Sein*), lui-même proche du *Dasein*, au sein duquel rien n'est atomisé, mais où tout tient toujours *ensemble* dans un projet : *Zeugganze, Verweisungsganze, Verweisungszusammenhang, Mitdasein*.

D'autre part, la *dynamique* du sens qui parcourt le texte *infléchit* le complexe 2 (extensif-quantitatif) vers le complexe 1 (intensif-qualitatif), chaque détermination du complexe 1 se retournant systématiquement en son contraire, ou encore se diluant et se neutralisant dans l'« identité-ipséité ». Or, l'un des effets les plus flagrants qui accompagne ce glissement concerne l'*espace*, dont on pourrait dire qu'il se trouve *détopicalisé* (passage du « positionnement spatial » à l'« a-positionnement spatial », de la « limitation spatiale » à l'« illimitation spatiale », etc.). Sachant que l'insuffisance des représentations spatialisantes de la métaphysique (*« von räumlichen Vorstellungen durchherrscht »* [dominée par des représentations spatialisantes][104]) est, pour partie, la raison de la *Kehre* et de la focalisation sur la problématique du dire, on comprend que Heidegger ait cherché à le réduire[105] ou à le détruire. Mais il semble aussi qu'en procédant ainsi - dans l'espace du texte - à une sorte de totalisation thématique des déterminations spatiales et de leurs contraires (complexe 1 vs complexe 2), Heidegger ait voulu faire du texte autre chose qu'un simple « étant » relatif, lui-même situé parmi d'autres « étants ». De fait, le texte apparaît ici - à tout le moins en termes d'effets induits - comme le *lieu absolu* où se fait et se défait *toute* spatialité. En somme, le phénomène de détopicalisation suggéré par le traitement thématique de

---

104 *Sein und Zeit, op. cit.*, p. 369.

105 Le lien entre l'échec de *Sein und Zeit* et la problématique de l'espace a parfois été évoquée, par exemple par Didier Franck : « l'incomplétude de *Sein und Zeit* peut être indifféremment assignée à la langue de la métaphysique ou à l'irréductibilité de l'espace » (*Heidegger et le problème de l'espace*, Paris, Les Editions de Minuit, 1986, p. 59).

l'espace renvoie encore une fois à une forme de *destruction* (destruction de l'extensif-quantitatif par glissement vers l'intensif-qualitatif) et à une forme de *textualisation*, le texte (et donc la langue et le langage dont il est une émanation) devenant en quelque sorte la *matrice* où s'engendre toute spatialité.

Ajoutons que l'un des procédés couramment utilisé par Heidegger pour induire ce glissement et cette inversion sémantique est une sorte de *contamination* qui opère souvent par insertion d'éléments relevant du complexe 2 dans des environnements sémantico-syntaxiques neutralisants proches du complexe 1. Citons, par exemple, la neutralisation de la spatialité par la *tautologie* et la nature du *verbe* - dont le sens semble incompatible avec une quelconque spatialité - dans *« enteignet Welt in ihr Welten »*[106] ; dans un esprit proche, dans certaines formules, telle que : *« Es traut Welt den Dingen zu »*, la spatialité induite sémantiquement par *« Welt »* est réorientée par son association surprenante (proche de l'oxymore) au verbe *« zutrauen »* (accorder sa confiance) qui suggère une forme d'*intimité* et d'*intériorité.*

Un autre procédé utilisé par Heidegger est la *mise en contradiction* qui, axée sur un lexème ou un lexème complexe, en retourne le sens. L'exemple le plus frappant est sans doute la notion d'*Unterschied* (*Unter-Schied*), laquelle, par simple adjonction d'un caractère *graphique* apparemment insignifiant (trait d'union),

106 *DS*, p. 28. *« Enteignen »* signifie littéralement « exproprier », mais le préverbe *-ent* suggère en allemand un déploiement « à partir de » : le monde se déploie à partir de lui-même et de ce qu'il est déjà ; il n'y a donc pas de véritable déploiement au sens d'une appropriation de l'espace.

bascule du complexe 2 (extensif-quantitatif), vers le complexe 1 (intensif-qualitatif). Par le fait de cette mutation, la « différence », pivot incontournable de toutes les mesures et de toutes les relations spatiales, opposant les quantités les unes aux autres, devient la « dif-férence » repliée sur elle-même, qui ne joue plus que de *soi à soi* et se réduit à une oscillation « interne » (il n'y a plus de différence entre une chose et une autre ; il n'est pas fortuit que Heidegger n'utilise jamais le syntagme *Unter-schied zwischen / von etwas und etwas*). On observe ce procédé de mise en contradiction pour nombre d'autres lexèmes modifiés graphiquement (*nach-denken*, *be-dingen*, etc.). On note enfin que la contamination et la mise en contradiction jouent souvent de concert dans des formules extrêmement condensées : *« Der Unter-schied für Welt und Ding ereignet Dinge in das Gebärden von Welt, ereignet Welt in das Gönnen von Dingen »*[107] ; dans cette dernière occurrence, la « dif-férence », déjà mise en contradiction par le biais de la scission graphique, est contaminé et surcontaminée par une kyrielle d'éléments qui semblent presque - tant la phrase paraît absconse voire incongrue au plan du sens - n'avoir d'autre fonction que de drainer la « différence » à toute force vers le complexe 1 (intensif-qualitatif) : utilisation du syntagme déviant *« ereignen in »* (*« sich ereignen »* [se passer, se produire] est proche de l'isotopie « identité-ipséité » puisque l'étymologie du lexème base suggère une « appropriation » qui se déploie en l'occurrence de « soi » à « soi » (*« sich »*) ; les substantifs verbaux *« Gebärden »* (littéralement, le fait de se comporter, de se conduire) et *« Gönnen »* (littéralement le fait d'être content pour

107 *DS*, p. 25

quelqu'un ou quelque chose) relèvent de l'« humanité-aménité », etc.). Au fil du texte, il semble qu'un arsenal de moyens soit mis à contribution pour désancrer la « différence », ressort privilégié de la constitution de l'espace, de son acception reçue. On peut sans doute à nouveau parler à ce propos de *destruction* ou de *virtualisation*.

Mais on ne manquera pas de s'interroger aussi sur le rôle philosophique central que joue la différence (différence ontologique, différence de l'être et de l'étant) d'un bout à l'autre du parcours de Heidegger. Cette *« Unter-Schied »* scindée, lexème le plus redondant du texte de *Die Sprache* (60 occurrences), devenue oscillation ne renvoyant plus qu'à sa propre fêlure interne, faisant à chaque fois mine d'esquisser la différence entre une chose et une autre pour aussitôt faire volte-face et se replier sur elle-même, cette *« Unter-Schied »* n'est-elle pas finalement la version « scripturalisée », une sorte de *mime* langagier de la différence ontologique, qui voulait que l'« être » ne pût jamais se sédimenter en « étant », que précisément l'oscillation fût maintenue et jamais résolue ? N'avons-nous pas là en somme une *textualisation* de la dif-férence, qui serait au centre de l'écrit de Heidegger (redondance) et qui, irradiant dans ses diverses structures, orchestrerait son mouvement jusque dans ses plus fines nervures[108]. Nous y reviendrons.

---

108 On pourrait ajouter que ce phénomène d'irradiation se produit peut-être aussi - de façon négative et pour ainsi dire « en creux » - à propos du *Leitmotiv* tautologique, lequel absorbe tout le reste comme un « trou noir » : *« Die Sprache spricht »*. Cette formule, qui est en soi le condensé absolu de l'« ontologie de la langue », est en effet loin d'agir isolément ; ponctuant l'essai dans une trame serrée de variantes, « désintégrant » littéralement le texte autour d'elle, thème

2.2 Caractéristiques syntaxiques

Entre autres phénomènes syntaxiques, on note dans *Die Sprache* l'extrême fréquence et le caractère très inhabituel (en particulier la longueur) des *nominalisations*, qui sont très largement déviantes par rapport aux standards de l'allemand écrit, même philosophique. Exemple : *« Der vom Menschen vollzogene Ausdruck innerer Gemütsbewegungen und der sie leitenden Weltansicht »* (Les variations intérieures de son état d'esprit et de la vision du monde qui les produit exprimées par l'homme)[109], ou encore : *« das im Dingen der Dinge verweilte einige Geviert von Himmel und Erde, Sterblichen und Göttlichen »* (le quadripati uni du ciel et de la terre, des mortels et des immortels qui séjourne parmi les choses qui chosent)[110]. L'examen de tels groupes (fort nombreux dans l'essai), ne fût-ce qu'en structure de surface, met d'abord en évidence leur extrême *compacité*, la base nominale étant, par exemple dans la seconde des occurrences citées, flanquée à droite d'un

---

par thème, segment par segment, sans exclusive, elle le fait participer dans sa totalité - et « par défaut » - à la mise en place et à la confirmation des deux effets de sens déjà mentionnés et, comme nous le verrons, récurrents à plusieurs niveaux, que sont la *destruction* et la *virtualisation*.

109 *DS*, p. 19.

110 *DS*, p. 22. L'expression tautologique *« Dingen der Dinge »* est en soi intraduisible, le premier substantif verbal signifiant, si ces néologismes sont permis, « le fait de 'choser' ». On note dans cette occurrence (comme dans l'occurrence précédente) que la compacité du GN allemand ne peut être rendue en français (adjonction d'une relative).

groupe prépositionnel complexe, à gauche d'un groupe adjectival ayant lui-même pour membre un groupe participe composé d'un groupe prépositionnel. Ce dernier groupe prépositionnel inclut lui-même un groupe nominal jouxté par un génitif.

C'est, pensons-nous, *à dessein*, que Heidegger n'a pas retenu les alternatives d'écriture verbales, plus conformes à l'usage et beaucoup plus déliées, et qui surtout auraient incontestablement clarifié la phrase. Il est d'ailleurs symptomatique que l'auteur, comme pour signaler le caractère « concerté » du procédé (nominalisation), opère dans un même segment de texte - ostensiblement et en cascade - des transformations de tournures verbales en tournures nominales, par exemple : *« Das Nennen ruft. Das Rufen bringt sein Gerufenes näher [...] Gleichwohl schafft dies Näherbringen [...] »* (Le nommer appelle. L'appeler rapproche de lui ce qu'il appelle [...] Pourtant ce rapprocher crée [...])[111] (nous aurons l'occasion de revenir sur ce dernier phénomène).

Or, sur le plan syntaxique, le groupe verbal (GV) - que Heidegger manifestement « évite » - est le lieu de fusion privilégié 1) de la langue et du discours, 2) de la réalité extérieure avec toute sa diversité. Ainsi, dans le cadre du GV, les éléments sont investis de fonctions quasi *actantielles* (sujet / objet / agent) qui ne sont bien souvent, en allemand, pas liées à des positions fixes sur la chaîne (réversibilité, mobilité, etc.). En somme, les relations qui jouent à l'intérieur du GV semblent calquées sur les relations élémentaires liant le *sujet agissant* au monde et à autrui dans l'expérience. Par comparaison, les structures nominalisées (le groupe nominal : GN) ne distribuent pas -

111 *DS*, p. 21.

à l'instar du GV - aux « actants de l'énoncé » les fonctions (marquées en allemand par les « cas » : nominatif, accusatif…). Si l'on examine ses propriétés syntaxiques, le GN ne comporte en fait qu'une seule fonction casuelle qui est le génitif, en position bloquée sur la chaîne à droite de la base nominale[112]. A gauche de la base, le même GN ne commande que le champ des épithètes, rigide dans son ordre et « lié » par le morphème discontinu qu'il porte (genre, nombre, cas). Au plan de la forme, le GN est donc une structure beaucoup plus figée et compacte que le GV ; au plan de la signification, il est aussi plus fermé que lui aux informations nouvelles, le GV étant du côté du « rhème » (domaine des informations nouvelles), alors que le GN se situe du côté du « thème » (domaine des informations déjà connues). En comparaison avec une écriture « verbale », la prédominance du GN dans le texte heideggerien « désactualise » donc le discours en affaiblissant ses ancrages extra-textuels (*endomorphisme*). Le phénomène que nous avons qualifié plus haut de *textualisation*, lui-même en phase avec le programme philosophique d'« ontologisation de la langue », est là encore patent.

On relève aussi au passage une nouvelle fois l'analogie formelle entre, d'une part, ce texte, qui - jusque dans sa syntaxe - manifeste une propension à l'*autarcie* assortie d'une propension *totalisante* (affaiblissement des ancrages extratextuels qui induisent nécessairement une hétéronomie), et, d'autre part, la nature elle-même totalisante du *Dasein* qui, comme nous l'avons déjà relevé, n'exclut rien, ni le « faux » (qui n'est que le « non-

112 Cf. Schanen, François, *Modules de grammaire allemande, I. Morphosyntaxe*, Paris, Nathan Université, 1992, p. 87.

encore-découvert »), ni même le possible (ses propres possibles sont indissociables du *Dasein* qui est toujours déjà *Ganzseinkönnen*). A l'instar du texte qui s'absolutise par sa syntaxe en gommant ce qui l'actualise (et donc le relativise) dans l'environnement extratextuel, le *Dasein* « devance » tous les points de vue que l'on pourrait porter sur lui ; il porte *toujours déjà* en lui de façon originaire sa propre auto-interprétation (*Selbstauslegung*) qui est coextensive à son être.

Mais il convient également de revenir de façon plus précise sur un phénomène déjà évoqué : l'*alternance* surprenante, ostentatoire même, des tournures verbales et nominales, dont il existe de nombreuses occurrences dans *Die Sprache* (*« die Weise, wie es währt, und das, was aus ihm währt - sein Währen »*[113] / *« enteignet das Ding in die Ruhe des Gevierts. Solches Enteignen »*[114], etc.). Tout se passe comme si Heidegger cherchait à montrer - à côté du substantif verbal - la forme fléchie correspondante, comme s'il cherchait à rendre ainsi manifeste leur *complémentarité* philosophique. Or, à côté d'une première raison déjà mentionnée, à savoir la mise en exergue du procédé de nominalisation, on ne peut occulter une autre raison qui a pu motiver ces choix syntaxiques récurrents. Il s'agit de la distorsion - souvent évoquée par Heidegger - *onoma /*

113 *DS*, p. 16.

114 *DS*, p. 29. Nous ne jugeons pas utile de proposer une traduction de ces deux dernières occurrences (au demeurant difficilement traduisibles), le phénomène ciblé étant ici d'ordre prioritairement syntaxique et formel. Il en ira de même dans la suite de ce paragraphe pour les occurrences du même type.

rhema[115], assimilée à la dichotomie sujet / prédicat ou nom / verbe, dont découle précisément le mode infinitif (nominalisation du verbe). Sous l'impact du nom, la grammaire distingue les formes *fléchies* des verbes, reflets de la *dynamique* du parler, et l'*infinitif*, forme *stable* instituée, décrétée forme paradigmatique dont dérivent les formes fléchies. L'infinitif (du mot « être ») ainsi hypostasié et ab-strait, coupé de la réalité signifiante de la langue et du discours, se vide de son sens et devient l'« Etre », essence visée par les thèses métaphysiques. Heidegger cherche donc - par-delà cette distorsion - à redonner à l'être son sens plein originel de *« wesen »*, l'*infinitif* étant en quelque sorte cause de la *dégénérescence* de l'« être ».

Or, il n'est pas interdit de voir dans le texte de Heidegger, dans l'alternance substantif verbal / forme fléchie, une sorte de réédition de la dualité *onoma* et *rhéma* - originairement indifférenciés - et qui précisément apparaitraient ici *côte à côte*, se jouxtant délibérément dans des formules suggérant leur équivalence tout en laissant peut-être aussi pressentir la transformation et donc le recouvrement historique que cette indifférenciation originaire a subie. Le substantif verbal, considéré par Heidegger comme sédimenté et ontologiquement dérivé, s'affiche à côté de la forme fléchie, qui est dynamique et ontologiquement première. L'originaire et le dérivé, l'authentique et l'inauthentique se côtoient donc, mais - de manière tout à fait intéressante - ils se côtoient dans le texte, *en tant que mots*, que signifiants, simplement porteurs de

---

115 Selon Heidegger, *onoma* et *rhema* désignaient indifféremment ce qui est nommé (sujet) et ce qu'on en dit (prédicat), cf. entre autres *Einführung in die Metaphysik, op. cit.*

marques catégorielles oppositives : temporalisation et aspectualisation différentes. Le passage de l'un à l'autre est certes *signalé*, mais il n'est *signifié* par aucun appareil conceptuel qui réfère à un extérieur de la langue ; il est réalisé, là sous nos yeux, au niveau même du signifiant : *textualisation.*

Ajoutons que tout ce qui vient d'être dit à propos des substantifs verbaux infinitifs, semble corroboré par les substantifs verbaux *participe II*, qui - de la même façon que les infinitifs - jouxtent fréquemment de très près des formes fléchies du même verbe : *« bildet sich der Dichter [...] Anwesendes in seinem Anwesen vor. Gedichtet bildet das Gedicht das so Vorgebildete »*[116] / *« Die Sprache erweist sich unbestreitbar als Ausdruck. Das jetzt Erwiesene »*[117]. La *systématicité* du phénomène concernant tant les infinitifs que les participes ne peut que nous conforter dans l'idée que Heidegger joue de ces doublets pour manifester *dans la langue et le texte même* (ontologisation) cette subtile dialectique du dire dynamique et du dit sédimenté.

Philosophiquement parlant, on pourra, là encore, voir dans cette juxtaposition, dans ce cumul presque forcé des formes fléchies et non fléchies un *rappel formel* de la structure totalisante du *Dasein.*

A propos de la syntaxe, on notera encore la propension marquée de Heidegger à utiliser des lexèmes complexes néologiques (notamment verbaux) *scindés* par un trait d'union (*Auf-heiterung, aus-gehen / ein-gehen, be-dingen, ent-scheiden, ent-sprechen, er-geben, er-messen, nach-denken, nach-hören / vor-hören, ver-lauten*, etc.). Or,

116 *DS*, p. 19.
117 *DS*, p. 19.

l'écriture néologique *« ent-sprechen »*, par exemple, très fréquente parmi les occurrences précédemment citées, suggère clairement que, selon le paradigme de référence que l'on adopte, soit le préverbe *« ent-»*, soit le lexème base *« sprechen »*, sont *substituables* par d'autres unités, et qu'ils ne sont donc que des choix déterminés parmi d'autres choix possibles dans deux paradigmes. Conséquence de cet effet de *diffraction* dans la dimension paradigmatique : la syntagmation ouvre la possibilité de *remotivations* sémantiques souvent imprévues, conférant à la langue une dynamique insoupçonnée. Les paradigmes éclairés grâce au phénomène renvoient à la frange de tous les possibles du texte non actualisés en lui, et qui peuvent, soit ad-venir (*virtualisation*), soit au contraire disparaître spontanément et de façon imprévisible du champ (*destruction*).

Le *parallèle formel* est bien entendu encore permis entre ces phénomènes et certaines caractéristiques du *Dasein*, entre autres le fait qu'il est - de par sa nature projective (*cf. Supra*) - toujours déjà porteur de ses propres virtualités (*Möglichsein*). La diffraction de la syntagmation dans la dimension paradigmatique évoque aussi potentiellement la surprise de l'*Ereignis* : la chaîne syntaxique et signifiante brisée permet littéralement à l'*inédit* d'advenir. On pense là inéluctablement à une inscription *textuelle* - et peut-être aussi du même coup une *radicalisation* - de l'*Ereignis* qui s'opèrerait par le parasitage « en direct » de la syntaxe et de la chaîne signifiante qu'elle linéarise. Nous reviendrons sur ces aspects philosophiques dans la seconde partie de cette étude.

2.3 Structures textuelles

Nous entendons par structures textuelles non syntaxiques les *symétries formelles* de tous ordres qui peuvent s'investir dans l'espace textuel, soit de manière ponctuelle, sur des portions de texte réduites, soit au plan de l'organisation générale du texte. Il apparaît en effet que chez Heidegger des éléments de natures et de dimensions fort diverses composent - selon leurs ressemblances et leurs dissemblances physiques - des structures, des sortes de *patterns* qui se dessinent dans l'espace du texte. Or, ces structures, loin d'être totalement aléatoires, sont à notre avis conçues pour engendrer un sens - ou plutôt des *effets de sens* exploitant dans le champ du texte les composants de la langue (essentiellement l'allemand), mais pour en jouer et les organiser suivant des rapports *nouveaux* a priori non signifiants. Les effets de sens en question pourraient être apparentés à ce que J. Kristeva, évoquant la poésie, qualifie d'« effets trans-linguistiques »[118], lesquels parasitent la linéarité signifiante du texte pour la doubler d'une autre organisation inscrite en quelque sorte dans sa *tabularité.*

L'essai *Die Sprache* est parcouru par toutes sortes de telles structures, basées en particulier sur des *récurrences* lexicales ou sur des variations autour de lexèmes de même racine. On trouve, par exemple, une très forte redondance d'occurrences articulées autour des lexèmes-base *« Welt »* (81 occurrences) et *« Ding »* (99 occurrences), réparties ou « éclatées » sur l'ensemble du texte. Chacune des deux séries est caractérisée par une *variance* très forte autour

---

118 Julia Kristeva, *La révolution du langage poétique*, Paris, Seuil, Points, 1974, p. 215.

des lexèmes-base : on trouve à côté de *« Ding »* le verbe *« dingen »*, conjugué ou au gérondif (*« dingend »*), ou encore sous forme de substantif verbal (*« das Dingen »*) ; on rencontre aussi le néologisme scindé *« be-dingen »*. Cette variance se retrouve pour la série *« Welt »* (néologisme verbal *« welten »*, ponctuellement au gérondif : *« weltend »*, ou comme substantif verbal : *« das Welten »*). Les occurrences des deux séries, formant fréquemment des entrelacs où Heidegger fait fusionner de manière parfois presque artificielle les deux lexèmes dans des lexèmes composés néologiques, constituent des *patterns* graphiques qui « maillent » le texte, allant jusqu'à l'affranchir des règles de la linéarisation et même des contraintes de la congruence sémantique[119]. On relève, par exemple : *« Die Dinge gebärden Welt. Welt gönnt die Dinge »*[120] / *« trägt Welt in ihr Welten, trägt die Dinge in ihr Dingen aus »*[121] / *« heisst die Dinge kommen, die als dingende Welt gebären [...] heisst die Welt kommen, die als weltende Dinge gönnt »*[122] ; l'intrication des deux séries culmine dans la formule *« Ding-Welt und Welt-Ding »*[123], où Heidegger regroupe les deux lexèmes

---

119 Pour les occurrences qui suivent, nous ne proposons pas de traduction, laquelle traduction ne pourrait être, à notre sens, qu'un calque néologique des formules de Heidegger. Au-delà des significations lexicales (finalement fort simples à déchiffrer), ce sont les phénomènes de redondance et de symétrie basés sur la ressemblance physique des mots qui importent ici. Il en ira de même dans la suite du paragraphe pour les occurrences de ce type.

120 *DS*, p. 24.

121 *DS*, p. 25.

122 *DS*, p. 26.

123 *DS*, p. 28.

composés néologiques sur une portion *minimale* d'espace textuel.

Mais au-delà du regroupement des deux séries très significatives *Welt* et *Ding*, on trouve dans le texte de Heidegger certaines occurrences qui associent, dans des formules extrêmement condensées, des séries variées d'éléments redondants, par exemple : *« Der Vers ruft den Schied des Zwischen, die versammelnde Mitten in deren Innigkeit die Gebärde der Dinge und die Gunst der Welt einander durchmessen »*[124]. Outre la reprise des deux séries très redondantes *« Welt »* et *« Ding »*, on trouve dans cette occurrence que l'on pourrait qualifier de *nœud textuel* la convergence de *neuf* séries supplémentaires, toutes composées d'éléments eux-mêmes redondants : *« ruf »* (68 occurrences), *« Schied »* (12 occurrences), *« Zwischen »* (en tant que substantif : 10 occurrences), *« versamm- »* (13 occurrences), *« -mitt- »* (15 occurrences), *« Inn- »* (15 occurrences), *« gebärd- »* (8 occurrences), *« -einander »* (15 occurrences), *« mess- »* / *« maß- »* (17 occurrences). On a l'impression très nette que la phrase en question, sans être dépourvue d'une signification (au demeurant assez absconse), n'a pas pour objectif prioritaire de linéariser un sens, mais de faire prendre *conscience* au lecteur d'une *structure* (composée des éléments de chacune des séries) qui essaime et irradie dans l'espace textuel. En somme, tout porte effectivement à penser qu'une lecture *tabulaire* du texte est suggérée au lecteur et se superpose à la lecture linéaire classique. Le texte cesse en quelque sorte d'être texte-signe s'effaçant progressivement à la lecture ; il « résiste » à la transcription

124 *DS*, p. 27.

et s'impose comme texte-objet forclos sur lui-même (*textualisation*).

Parmi bien d'autres caractéristiques intéressantes touchant au structures du texte, on relèvera ce que l'on pourrait appeler la *dilution* des limites entre le *texte inséré* (le poème de Trakl censé être commenté par Heidegger) et le *texte d'accueil* (le commentaire supposé, qui est plutôt un pseudo-commentaire de Heidegger) : *« Der Scheefall bringt die Menschen unter den in die Nacht verdämmernden Himmel. Das Läuten der Abendglocke bringt sie als die Sterblichen vor das Göttliche. Haus und Tisch binden die Sterblichen an die Erde »* (L'averse de neige mêle les hommes au ciel crépusculaire qui tend vers la nuit. Le son de cloches vespéral les transporte, eux les mortels, au-devant de ce qui est divin. La maison et la table lient les mortels à la terre)[125]. Cette occurrence rapproche deux séries d'éléments, d'une part ceux qui appartiennent en propre au poème et d'autre part ceux qui appartiennent au « commentaire » de ce poème, l'une et l'autre séries étant ici *juxtaposées* avec une étonnante *économie* de moyens ; les éléments relevant du poème et du commentaire sont en réalité inextricablement « tissés » les uns avec les autres, comme si l'auteur cherchait à supprimer la différence de niveau entre texte et métatexte. Le texte inséré perd en quelque sorte son identité pour entrer en *osmose* avec le texte d'accueil avec lequel il fait corps. On citera ici Meschonnic qui écrit précisément à propos de ce texte supposé « commentatif » de *Die Sprache* : « Rien n'est plus étranger à Heidegger que le commentaire en son sens courant [...] Sans doute les énoncés heideggeriens se laissent-ils ici porter, conduire,

125 *DS*, p. 22.

initier par les vers de Trakl qu'ils semblent pourtant précéder ou attirer, guider à leur tour. »[126]. Au final, en termes d'effets de sens, l'un et l'autre texte ne sont plus des textes distincts et délimités clairement attribuables à telle ou telle instance ; ils s'inscrivent tous deux dans une textualité universelle où les contours et les origines des propos et des œuvres comptent finalement assez peu[127] (*textualisation*).

Bref, on ne saurait encore une fois mieux suggérer que le texte, et au-delà la langue, parlent d'eux-mêmes et par eux-mêmes avant que l'on ne parle à travers eux (ontologie de la langue). Du même coup, ce texte-objet, surgi d'une lecture tabulaire qui peut à tout moment croiser et court-circuiter la lecture linéaire et inversement, ouvre un champ de potentialités insoupçonnées (*virtualisation*), l'une de ces potentialités étant précisément la *destruction* du sens. Précisons que nous n'avons pu donner dans ce cadre qu'un seul exemple, mais le maillage, le quadrillage structurel du texte est multiple et il implique de nombreuses séries lexicales qui entrent dans des rapports complexes d'interrelationnalité (*contextualisation*).

Or, sur le plan philosophique ce texte transformé en tissu interrelationnel où les éléments renvoient les uns aux autres en écho, évoque encore une fois, mais cette fois de manière beaucoup suggestive et, pourrait-on dire, *radicale*, le « réseau entier de renvoi »

126 Meschonnic, Henri, *Le langage Heidegger*, Paris, P.U.F., 1990, p. 56.

127 N'est-ce pas d'ailleurs ce que Heidegger lui-même écrit explicitement dans l'essai : *« Das Gedicht hat Georg Trakl gedichtet. Dass er der Dichter ist, bleibt unwichtig »* ? (Ce poème a été écrit par Gorg Trakl. Que ce soit lui le poète est sans importance) (*DS*, p. 190).

(*« Verweisungszusammenhang »*) propre au *Dasein* et à sa constitution de base « l'être-dans-le-monde » (*« In-der-Welt-Sein »*). De la même façon, l'« hésitation », créée par les structures entre lecture linéaire (génératrice de « sens » dans l'acception « ordinaire » du terme) et lecture tabulaire (court-circuitage de la lecture linéaire par le surgissement de la structure), n'est pas sans rappeler, mais à une échelle *bien plus importante*, le parasitage de la syntaxe par diffraction sur les paradigmes virtuels (ex : le paradigme des préverbes scindés : *be-dingen, ent-scheiden, ent-sprechen*, etc. ; *cf. supra*). L'effet induit de *virtualisation* est ici mis en avant à l'échelle du texte *entier*.

Finalement, à l'arrière-plan philosophique des phénomènes observés, on trouve derechef cette aptitude déjà plusieurs fois observée du *Dasein* à se définir et à se redéfinir sur fond de facticité et de *praxis* « en tant que » ceci ou cela (objet, signe, etc.), simples *possibles* susceptibles d'émerger ou non en fonction de l'orientation de la visée. C'est ici le texte entier qui semble vouloir manifester cette *oscillation d'être*.

2.4 Aspects énonciatifs / discursifs

A l'encontre du discours philosophique « classique » majoritairement (sinon exclusivement) « monolithe », le discours heideggerien à l'œuvre dans *Die Sprache* est largement *polyphonique*. Comme nous l'avons souligné à propos de la « thématique » (*cf. supra*), le texte met constamment en scène, en parallèle à celui de l'énonciateur philosophique, un point de vue qui lui est opposé. Or, sans que ce texte soit un dialogue entre deux locuteurs distincts, à ces points de vue[128] correspondent des *voix* qui souvent « parlent » à travers les mêmes instances. C'est ainsi que le déictique *« wir »* est utilisé tout au long du texte comme un *shifter* renvoyant par un jeu d'embrayage / débrayage, soit à l'énonciateur philosophique (Heidegger) exprimant son point de vue en utilisant une forme de *pluralis modestiae*, soit comme un *« wir »* collectif, synthétisant la somme des voix attribuables aux « détracteurs philosophiques ». Dans cette logique, on rencontre au tout début du texte[129] certaines occurrences de *« wir » / « uns »* (6 occurrences au total) qui peuvent - en particulier en raison du co-texte - être interprétées comme proches de *« Mensch » / « man »*[130]. De plus, les *« wir »* sont dans cette portion de texte systématiquement associés à des verbes dont le désigné ne traduit pas d'implication véritable du sujet par rapport au contenu de l'énoncé (*sprechen / hören*, etc.). Ces verbes expriment une action ou un procès qui se déroule (ou peut se dérouler) de façon quasiment physique, mécanique (en particulier *« hören »*), sans que ce déroulement soit un réel enjeu pour la volonté ou le libre arbitre du sujet qui

---

128 Cf. Ducrot, Oswald : « J'appelle « énonciateurs » ces êtres qui sont censés s'exprimer à travers l'énonciation, sans que pour autant on leur attribue des mots précis ; s'ils « parlent », c'est seulement en ce sens que l'énonciation est vue comme exprimant leur point de vue » (*Le dire et le dit, Les Editions de Minuit*, Propositions, 1984, p. 204).

129 *DS*, p. 11.

130 « *Der Mensch spricht. Wir sprechen [...]* » (L'homme parle. Nous parlons [...]), cette formule placée à l'*incipit* de l'essai semble corroborer le parallélisme.

« sous-tend » ces *« wir »*[131]. Ce type de *« wir »* est donc manifestement un *faux embrayeur* ; bien qu'ils soient effectivement proférés par le sujet-locuteur (Heidegger), le point de vue de ce dernier ne s'exprime pas à travers eux. En revanche, on relève dans la suite du texte 27 occurrences de *« wir »* qui, contrairement à ceux du premier segment, sont assez souvent associés à des verbes de *modalité*, impliquant directement la *position du sujet* par rapport au contenu de l'énoncé, notamment sous forme de volition : *« wir wollen »*[132] ; *« wir möchten »* (nous voulons ; nous voudrions)[133], etc. De surcroît, ces même *« wir »* sont très souvent intégrés à des structures négatives et démarquent la position du locuteur Heidegger qui réfute celle d'un énonciateur supposé. Avec cette deuxième catégorie de *« wir »,* nous avons donc bien affaire à des *embrayeurs*. Le sujet-locuteur est *engagé* sans équivoque dans le procès énonciatif qu'il prend clairement en charge (parfois pour réfuter le point de vue inverse). Bref, il paraît évident que - sous une forme identique - les deux *« wir »* sont foncièrement *différents*. Ce sont deux voix distinctes qui parlent à travers un seul et même « organe », comme pour rendre plus évidente, plus frappante encore la structure *polyphonique* déjà inscrite dans la thématique de l'essai.

De la même façon, on note dans l'essai la fréquence très élevée de structures syntaxiques sous-tendues par une trame dialogique :

---

131 Ce qui serait le cas, par exemple, avec des verbes comme *« wollen »*, *« wünschen »*, etc.

132 *DS*, p. 12 (2 occurrences)

133 *DS*, p. 12-13 (3 occurrences)

- structures *négatives*, au demeurant liées au fait que deux énonciateurs, deux voix s'affrontent et se nient mutuellement[134], par exemple : *« Wir wollen das Wesen der Sprache nicht auf einen Begriff bringen »* (Nous ne voulons pas réduire l'être de la langue à une notion)[135], occurrence où la voix de l'énonciateur heideggerien prend le contre-pied du point de vue supposé de ses détracteurs : *« das Wesen der Sprache auf einen Begriff bringen wollen »*,

- structures *oppositives*, également inductrices de dialogisme, articulées en particulier autour du rectificatif *« nicht...sondern »* (non pas...mais), ou encore autour de l'adversatif *« doch »* (cependant),

- structures *concessives* (fréquence de *« zwar », « obzwar », « freilich »* (il est vrai, bien que, à vrai dire)[136],

- structures *interrogatives*, tout spécialement celles qui mettent en scène la voix des détracteurs, par exemple : *« wollen wir auch noch leugnen, dass der Mensch dasjenige Wesen sei, das spricht ? »* (voulons nous nier de surcroît que l'homme est l'être qui est doué de la parole ?)[137], occurrence où l'énonciateur heideggerien

---

134 Ducrot écrit à propos de la négation : « Je maintiens que la plupart des énoncés négatifs […] font apparaître leurs énonciations comme le choc de deux attitudes antagonistes, l'une positive, imputée à un énonciateur E1, l'autre, qui est un refus de la première, imputée à E2 » (*Le dire et le dit, op. cit.*, p. 215).

135 *DS*, p. 12.

136 Ces trois opérateurs concessifs « annoncent par avance une restriction » (François Schanen / Jean-Paul Confais, *Grammaire de l'allemand, Formes et fonctions*, *op. cit.* p. 525).

137 *DS*, p. 20.

parle à travers la voix des détracteurs qui « auraient pu » poser une telle question.

On pourrait mentionner encore les phénomènes de *distanciation* marqués en allemand par le subjonctif 2, par exemple : *« Der Inhalt des Gedichtes liesse sich noch deutlicher zergleidern [...] wir blieben bei solchem Verfahren [...] »* (Le contenu du poème pourrait être encore plus clairement divisé en parties [...] un tel procédé n'ajouterait [...])[138], phrase qui suggère, d'une autre façon encore, cette seconde voix *off* réfutée, en l'occurrence avec une nuance d'ironie.

Dans le même esprit, il faut mentionner enfin la posture étrange de cet énonciateur heideggerien qui, supposé commenter un poème de Trakl, dialogue de *plain-pied* avec ce *poème* (voix poétique) comme s'il s'agissait d'un interlocuteur réel. Ponctuellement le poème semble même « répondre » de la façon la plus directe qui soit à cet énonciateur, par exemple :

- énonciateur heideggerien : *« Woher und inwiefern ist Schmerz gerufen ? »* (Depuis quelle origine et dans quelle mesure la douleur est-elle appelée ?)[139]

- poème [dans la suite immédiate] : *« Schmerz versteinerte die Schwelle »* (La douleur a pétrifié le seuil)[140]

Ou encore :

- énonciateur heideggerien : *« Der Unter-Schied west schon als das Gewese, woher sich der Austrag von Welt und Ding ereignet. Inwiefern ? »*[141]

---

138 *DS*, p. 19.
139 *DS*, p. 26.
140 *DS*, p. 26.

- poème [dans la suite immédiate] : *« Da erglänzt in reiner Helle / Auf dem Tische Brot und Wein »* (Apparaissent alors en pleine lumière / sur la table le pain et le vin)[142].

Il est frappant dans ces deux exemples que l'énonciateur philosophique ne « rapporte » pas la voix poétique (sous forme de citation ou en utilisant un dispositif quelconque du discours rapporté), mais que cette voix poétique se « déverse » telle quelle dans le texte sous forme de « réponse », sans aucune forme d'introduction ni aucun marquage de distance ; l'effet *polyphonique* instauré par cette mise en regard *directe* entre texte inséré et texte d'accueil en est d'autant plus marqué.

On peut noter, en complément de cette polyphonie, l'extrême fréquence dans *Die Sprache* des phénomènes de *modalisation, appréciation et mise en relief.* Le locuteur *évalue* la valeur de vérité du message ; modalisation : *« offenbar », « vermutlich »,* modalisateurs verbaux *« sollen », « können », « werden »*, [doit, peut, sera (il *sera* ceci ou cela)] etc.) ; il *apprécie* ce message affectivement *(« im Ernst »,* superlatifs, etc.), cognitivement (explication, commentaire). Les informations sont aussi fréquemment focalisées et *mises en relief* (fréquence de *« nur » / « erst »* [seulement], fréquence des cataphoriques : *« darin...dass* [en ceci / cela...que], *« derjenige...der »* [celui qui...celui-là], ponctuation : usage abondant du double point qui focalise sur ce qui suit, etc.). Bref, la *subjectivité* du locuteur intervient dans *Die Sprache* de façon multiple et protéiforme, relativisant les contenus. En

---

141 *DS*, p. 27. Plutôt que de proposer une formule totalement opaque en français, nous renonçons à traduire cette occurrence.

142 *DS*, p. 28.

somme, le discours ne se donne pas comme produit fini, résultat coupé de ses sources, mais comme *processus en marche* où sujet et objet s'inter-agissent indéfiniment. Aux multiples translations observées au niveau de l'énonciation (polyphonie : l'énonciateur ne se positionne pas de façon stable dans une situation de communication), s'ajoutent donc les *multiples positions* du locuteur (toujours relayé par plusieurs énonciateurs) par rapport au message qu'il profère.

On pourrait ajouter le fait que *Die Sprache* - en même temps qu'un essai - est une *conférence* dotée du dispositif *déictique* spatio-temporel afférent : *« jetzt und hier in diesem Saal »* (ici et maintenant dans cette salle)[143]. Or, cette deixis « orale » marquée, maintenue dans la version écrite (dont l'immense diffusion aurait pu et dû justifier une adaptation) produit chez le lecteur un effet de *distanciation*, qui ne se produirait pas si Heidegger avait opté pour une deixis universelle, ou encore pour une suppression du marquage déictique « oral ». La coprésence (spatiale et temporelle) attendue des paramètres déictiques de l'énoncé et de la situation de fait à laquelle ils se réfèrent est en quelque sorte « déçue » par ce décalage, suscitant immanquablement chez le lecteur un *questionnement* sur la *validité* de cette deixis particulière, et, au-delà, un questionnement et une relativisation de *toute* deixis. La relativisation de la deixis fait ainsi - en termes d'effets de sens - percevoir le discours comme le produit d'une pluralité d'actes d'énonciation possibles, dont telle situation donnée n'est qu'un cas particulier substituable par beaucoup d'autres. A la limite, la logique habituelle s'inverse : le discours cesse

143 *DS*, p. 21.

d'être le produit d'un acte d'énonciation ; c'est au contraire l'*énonciation* qui se transforme en *possible* du discours. Par le biais de cette étonnante ambiguïsation de la deixis, le discours se montre comme décontextualisé : une infinité de voix, ancrées dans une infinité de situations de communication peuvent parler *à travers* un texte

Bref, on cherche en vain dans *Die Sprache* l'énonciateur monolithe et souverain du discours philosophique « classique ». Cet énonciateur, jouant sans cesse du simulacre, permute de multiples manières les rôles avec l'énonciateur contradicteur qu'il met en scène, voire avec le poème qu'il « commente ». Tout se passe comme si le procès signifiant était jaugé selon toutes ses possibilités de s'organiser comme acte d'énonciation et que le « je » philosophique censé « transcender » cet acte, habituellement stabilisé et clairement localisable, devenait *multiple* et *mobile* (je, tu, etc.), constituant au niveau énonciatif un réseau interrelationnel, plus caractérisé par sa propre motivation interne (*textualisation*) que par le renvoi à un « extérieur ». Les paramètres énonciatifs / actualisants, constitués en réseau kaléidoscopique d'interdépendances (polyphonie), ne semblent plus actualiser le texte, mais *être actualisés par lui*, comme si celui-ci était une exploration - sans sujet, lieu, ni temps - de tous les possibles énonciatifs réalisables (*virtualisation*), paramètres énonciatifs qui, par ailleurs, brouillent et désintègrent aussi l'instance énonciatrice (de l'unité *ego / hic / nunc*).

Notons encore une fois : l'organisation énonciative / énoncive de *Die Sprache*, cette polyphonie généralisée produisant de multiples scissions et translations de l'instance énonciative dont l'identité se relativise, devient diffuse, écartelée dans cette pluralité, dans cette interrelationnalité où tout se tient, ne sont pas sans évoquer, eux aussi, la constitution de base du *Dasein* : les multiples voix sont les possibles du texte comme les étants sont les possibles réalisables mais non réalisés du *Dasein* : *Möglichsein*.

2.5 Textualisation, contextualisation, virtualisation, destruction

En termes d'effets de sens, les phénomènes observés jusque-là convergent vers ces quatre notions que l'on peut qualifier de « signifiances » globales, à savoir qu'elles synthétisent pour chacune d'elles une convergence d'effets langagiers émanant du texte, de ses structures et de ses caractéristiques communicationnelles.

S'il est permis de hiérarchiser ces notions, la *Textualisation* est peut-être la signifiance principale, car le texte de *Die Sprache* renvoie constamment à *lui-même*, soit qu'il cristallise dans sa propre texture tout ce qui est renvoi extra-textuel, soit qu'il le convertisse en renvoi interne circulaire sans fin (contextualisation). La *virtualisation* et la *destruction* servent elles-aussi indirectement la textualisation, puisqu'elles projettent dans le possible ou dans le néant ce qui pourrait - au sens le plus large du terme - référer le texte à un « extérieur » de lui-même. Que ce soit au niveau sémantico-structural ou au niveau communicationnel-pragmatique, le texte convertit ce qu'on pourrait - à défaut de terme plus extensif - appeler le *référent* - en le figeant, en le contextualisant, en le déréalisant ou en l'anéantissant - afin de créer un effet d'*auto-référence* et d'*auto-*

performativité absolus qui nous semblent illustrer le programme heideggerien d'ontologisation de la langue, non pas seulement au hasard de quelques formules éparses, mais au niveau d'un texte *entier* (nous y revenons).

3. Horizons philosophiques

3.1 Le texte et le *Dasein* : isomorphismes de structure

En liaison avec ces phénomènes de textualisation, contextualisation, virtualisation, destruction, un premier constat philosophique s'impose sur la base des observations ponctuelles que nous avons faites : la présence d'*isomorphismes* de structure entre ces phénomènes textuels et certains aspects de constitution du *Dasein* et de sa manifestation première : l'*être-dans-le-monde* (*« In-der-Welt-Sein »*).

Pour mieux saisir la portée de ces isomorphismes, que nous avons jusque-là ponctuellement suggérés au fil du texte sans pouvoir les expliciter suffisamment, il convient de récapituler succinctement les grandes lignes de la conception du *Dasein*, telle que Heidegger l'expose dans *Sein und Zeit*. Partant de l'idée (d'ailleurs constante chez lui) que l'étant *n'est pas* l'être (différence ontologique), Heidegger pointe la présence d'un étant particulier, « jeté » (*« geworfen »*) dans le monde, simplement muni d'une « vague compréhension de son être » (*« vage Seinsverständnis »*), cet « être » étant précisément ce qui fait pour lui *question*. De façon très schématique, c'est donc cet être qui se trouve là, cet « être-là », voué à une continuelle remise en question, que Heidegger qualifie de *Dasein*, être foncièrement incomplet, à la fois marqué par l'« ouverture » (*« Erschlossenheit »*), par sa nature de « projet » (*« Entwurf »*), et par son inscription dans le déploiement temporel (*« Zeitlichkeit »*). Ce *Dasein*, plutôt qu'il n'*est* de façon accomplie et définitive, a donc *à être*. Mais cela ne l'empêche pas d'avoir aussi une constitution *totalisante* dans le sens où rien en-deçà ou au-delà de lui, aucun *deux ex machina*, aucune essence dont il ne serait que l'accident, ne saurait le déterminer depuis un quelconque « extérieur ».

Comme le phénomène (*Phänomen*) dont il « hérite », le *Dasein* et son succédané : « l'être-dans-le-monde » (« *In-der-Welt-Sein »*), possède une nature *apophantique* et se montre intégralement (*« wieviel Schein, jedoch soviel 'Sein' »* ; la mesure du paraître n'est autre que celle de l'être)[144]. Rien en lui n'est définitivement celé.

De là, ne tolérant rien qui fût « en dehors » (fût-ce dans l'espace ou dans le temps), le *Dasein* est également incompatible avec toute dichotomie intérieur vs extérieur, être vs non-être, vérité vs erreur, interprété vs interprétant, réel vs possible, théorie vs *praxis*, individu vs collectif, présent vs futur, etc. Vérité et erreur, par exemple, sont indifféremment reconduits dans le processus de « découvrement » (*« Entdecken »*) qui les génère successivement l'une et l'autre et les relativise, ce « découvrement » étant d'ailleurs mené - sans partition aucune - par le *Dasein* lui-même qui s'auto-élucide (*Selbstauslegung*). Cette auto-élucidation même n'est pas

144 *Sein und Zeit, op. cit.*, p. 36.

le fait d'un « esprit » ou d'une instance hiérarchisée sur un autre plan que ce qu'elle élucide. Nous l'avons vu, le *Dasein* est impliqué sans distance dans une *praxis* orientée dans laquelle il est « jeté » (*geworfen*) et où il se meut (« préoccupation circonspecte » : *« umsichtiges Besorgen »*), se projetant parmi des « ustensiles » (*Zeug*) configurés en réseau de renvoi (*Zeugganze, Zeugzusammenhang, Verweisungszusammenhang*). Cette implication fait naître comme des résurgences - simplement possibles suivant les orientations globales de visée « en tant que ceci ou cela » - les modalités de cette auto-élucidation : signe, énoncé, langage, etc., lesquels n'ont donc aucune existence antérieure à ce surgissement. Pareillement, le *Dasein* qui s'auto-élucide et se comprend lui-même, ne se comprend pas après-coup de telle ou telle façon, suite à un état préalable d'incompréhension ; il se comprend d'emblée et tout d'un bloc, disposant dès le départ d'une vague précompréhension (*« vage Seinsverständnis »*) de lui-même pouvant - virtuellement - se préciser et se cristalliser dans des thèses qui, quelle que soit leur prétention fondatrice, n'en restent pas moins ontologiquement dérivées. C'est dans ce même esprit que Heidegger parle de *Mitdasein*, ce néologisme, implicitement opposé au syntagme « normal » : *« Dasein mit »*, pour suggérer que le premier (*Mitdasein*) présuppose déjà en soi originairement toutes les possibilités d'être « avec ». Le *« Dasein mit »*, en revanche, n'est que l'actualisation d'un étant particulier pris dans le champ de tous les compossibles préfigurés dans le *Mitdasein*, compossibles qui ne sont pas eux-mêmes des accidents éventuels survenant en quelque sorte au *Dasein* depuis l'extérieur et *a posteriori*, mais qui appartiennent à ce *Dasein,* non comme un contenu déterminé, mais comme un horizon ou un *halo* de co-présence qui est d'emblée indissociable de lui. *Mitdasein* signifie que l'on est *toujours déjà* avec autrui.

On dira de la même façon que le *Dasein* porte toujours déjà en lui le *halo* de ses *possibles* (*Möglichsein*) et, par corollaire, l'ombre projetée de son *futur* : *« das Dasein ist, solange es ist, je schon sein noch nicht »* (aussi longtemps qu'il est, le *Dasein* est toujours déjà son 'pas encore')[145].

Ce qui décrit peut-être le mieux cette aptitude du *Dasein* à toujours être déjà là avant toute détermination, aptitude qui explique cette ambivalence paradoxale liant 1) sa « virginité » théorique et 2) sa nature totalisante et *enveloppante* (rien n'est en dehors de lui), est ce que Heidegger qualifie dans *Sein und Zeit* de *Vorstruktur.* Chaque étape temporelle de la détermination du *Dasein* est préfigurée par la précédente, non comme sa suite accidentelle ou programmée, mais comme son devenir possible indéfiniment variable en fonction de la visée et du projet où les « maintenant » émergent d'un *toujours* virtuel.

Pareillement, chaque lieu spatial de la détermination de ce même *Dasein* est pré-informé en lui, non comme assignation d'une « place » dans l'espace géométrique, mais comme désignation aléatoire d'un *ici* qui n'est tel que parce qu'il est d'abord un *partout* virtuel, et où convergent en faisceau les lignes d'un projet dans la configuration mouvante de l'ensemble ; sans être « contenus » en lui, toutes les étapes, tous les lieux, toutes les déterminations sont préfigurées dans le *Dasein* lui-

145 *Ibid.*, p. 244.

même selon un schéma vertical d'enracinement ontologico-existential.

Or, si l'on rapporte ces caractéristiques, esquissées de façon nécessairement schématique, aux caractéristiques du texte, on fait, récapitulant et synthétisant ce que nous avons déjà pointé de façon ponctuelle, les observations suivantes :

1) sur le plan thématique l'organisation binaire de *Die Sprache*, montrant deux points de vue opposés de façon totalisante et sans exclusion de l'un d'entre eux (complexe 1 */vs/* complexe 2), rappelle étrangement la conception *totalisante / apophantique* de la vérité conçue comme *ouverture* (le non-vrai est le non-encore-découvert). L'*interdépendance* généralisée des thèmes (divergeant et convergeant dans les mêmes occurrences, ex. *« Unterschied » / « nach-denken »,* etc.) renvoie à la *contextualité* foncière de l'être-dans-le-monde et à ses diverses stratifications (*Zeugganze, Verweisunsganze, Mitdasein*[146], etc.).

On note aussi les phénomènes de *contamination* et de *mise en contradiction* sémantique, qui réorientent insidieusement le sens ou font survenir le sens jusque-là occulté d'une occurrence, et sont donc en cela fort proches des modalités d'émergence du signe et de l'énoncé par *réorientation* d'une *seule et même* visée sur fond de *facticité* dans la constitution de l'être-dans-le-monde.

2) Le traitement de la syntaxe corrobore cette similitude structurelle du texte et du *Dasein*. La *diffraction* de la chaîne syntaxique perturbée et mise en porte-à-faux sur les paradigmes - qui sont la frange virtuelle du texte - force à nouveau la comparaison avec la nature à la fois

146 *Sein und Zeit, op. cit.*

projective (*Entwurf*[147]), *totalisante* et *virtualisante* (*Ganzseinkönnen*[148]) du *Dasein.*

3) Ce parallèle *texte-Dasein* est aussi attesté, peut-être de manière plus flagrante encore, par les structures textuelles non-syntaxiques. Ce texte qui oscille entre *linéarité et structures*, qui peut à tout moment cesser de signifier pour se transformer en un réseau *d'harmonies ou symétries graphiques*, bref pour devenir *texte-objet*, rappelle encore par cet aspect les statuts ontologiques respectifs du *signe* et de l'*objet* qui ne sont rien en soi, qui ne sont pas distincts d'emblée, mais surgissent - sur fond d'être-dans-le-monde - et acquièrent leur « statut » dans une *praxis*, « en tant que »[149] ceci ou cela, comme simples *compossibles* déterminés encore une fois par l'orientation changeante d'une seule et même visée.

4) Que dire enfin, si l'on se place au niveau des effets de sens d'ordre communicatif / pragmatique, de la *polyphonie*, où l'énonciateur perd son identité, et de la démultiplication des paramètres actualisants du discours ? Ne renvoient-ils pas eux- aussi à l'enracinement du langage et du discours dans la facticité du *Dasein* où les paramètres communicatifs / actualisants sont *toujours déjà* dilués dans le *Mitdasein* et n'en émergent qu'hypothétiquement et accessoirement comme simples possibles parmi d'autres ? L'étrange *renversement* de la fonction des paramètres actualisants dans *Die Sprache* (ils sont présentés comme des possibles du texte) ne manque pas de suggérer encore une fois le parallèle de structure. Simplement, c'est ici le *texte* qui est le substrat du *Dasein.*

---

147 *Ibid.*

148 *Ibid.*

149 *« etwas als etwas »* , *ibid.*, p. 149.

Face à toutes ces analogies signalant comme une « inscription » du *Dasein* dans le texte, on pourrait - s'il est permis d'exploiter de manière peut-être facile la concision de l'allemand - parler de textualisation du *Dasein* ou d'effet-*Dasein*, ou encore de *Textsein.*

3.2 La textualisation du *Dasein* et l'« ouverture » de l'étant à son être

Si l'on synthétise à présent l'effet de la *textualisation* et de ses corollaires, la *contextualisation*, la *virtualisation* et la *destruction*, souvent manifestées par des structures rappelant visiblement celles du *Dasein*, nous nous trouvons face à un texte qui voudrait afficher par tous les moyens sa propre autarcie, perdre en somme à la fois son statut de *signe* en réduisant la différence signifiant / signifié, et son statut de *discours* en réduisant la constellation énonciateur / message / allocuté / deixis, qui est pourtant le cadre de tout discours. Tout se passe comme si Heidegger, en textualisant le *Dasein*, avait en partie construit son texte de telle façon qu'en même temps qu'il scande sans trêve sa formule-leitmotiv tautologique « la parole parle », il occulte aussi grâce à une kyrielle de moyens convergents - inscrits dans sa texture même - le *signifié* de cette parole (la tautologie est d'ailleurs un excellent moyen de taire ou d'« user » le signifié), comme si en écrivant ou en prononçant ce texte, il avait voulu s'occulter comme énonciateur et occulter ses destinataires[150], pour focaliser sur le texte et la langue

150 Ce but transparaît d'ailleurs dans le contenu même du texte, où Heidegger occulte - ou du moins minimise - l'importance du nom de l'auteur du poème (*DS*, p. 17).

eux-mêmes (onto/logie). De plus - et c'est là une chose capitale - ce ne sont pas des faits ponctuels ou marginaux qui suggèrent l'autoréférence et l'auto-performativité, c'est la *totalité* du texte dans toutes ses dimensions qui participe à la monstration de sa propre autarcie.

Est-ce à dire que le but philosophique de Heidegger était simplement de textualiser le *Dasein* ? Le Heidegger tardif serait-il resté englué dans la conception du *Dasein* de *Sein und Zeit* dont il aurait cherché - de façon errante et sans projet défini - des échos dans la langue ? Nous sommes fermement convaincu du contraire. L'ontologie de la langue n'a pas pour fin finale la textualisation du *Dasein*. Celle-ci n'est même qu'un moyen au service d'un projet philosophique d'une tout autre envergure, le *Dasein* « prêtant » seulement ses structures à ce projet.

Pour mieux cerner cet objectif, il faut insister encore une fois sur le fait que la pensée - comme d'ailleurs l'œuvre même de Heidegger - sont placées sous le signe de l'*ouverture*[151] et que la langue fut sans doute toujours l'obstacle majeur interdisant le séjour *radical* dans cette ouverture. Dès *Sein und Zeit*, Heidegger inaugure une

---

151 Cette marque constitutive de la pensée de Heidegger est synthétisée dans une formule de Marlène Zarader, qui énonce que cette pensée s'épuise dans son mouvement de « s'ouvrir vers » (*Heidegger et les paroles de l'origine*, *op. cit.* p. 243). Ne retrouve-t-on pas d'ailleurs, dans l'œuvre même de Heidegger, cette propension à l'ouverture, qui fait que cette œuvre est un « tout » en devenir, un cheminement dont chaque étape s'ouvre sur une étape nouvelle. La formule-sceau *«Wege nicht Werke »*, que Heidegger proposait de mettre en exergue de la *Gesamtausgabe* de ses oeuvres, en est d'ailleurs le meilleur témoignage (Greisch, Jean, « La *Gesamtausgabe* les œuvres complètes » *in L'Herne - Martin Heidegger*, Ed. de l'Herne, 1983, p. 462).

façon nouvelle de philosopher en osant poser la question que la tradition métaphysique avait éludée : la question de l'être. Au lieu de se poser d'emblée la question de savoir ce qu'est l'être, Heidegger - effectuant le célèbre pas supplémentaire « en arrière » - se demande pourquoi il y a cette question et qui la pose, inaugurant cette brèche originelle de l'être qu'est la *différence* de l'être et de l'étant, qui le hantera sans doute jusqu'au bout et accompagnera de multiples revirements de sa pensée. Le *Dasein* sera la première voie d'exploration de cette différence ontologique, qui le voue à assumer une duplicité *irréductible* : il est l'être pour lequel il est question de son être[152]. De là, ce premier revirement du Heidegger de la maturité, qui abandonnera la problématique de l'*être du sens*, héritée de Husserl, pour celle du *sens de l'être*. De là aussi, la constitution foncièrement dynamique du *Dasein* (questionnement, ouverture, temporalité, projet, ek-stase, etc.). Le *Dasein* ne peut que devenir dans l'horizon de la temporalité, mais il ne peut être sur le mode *subsistant*. Or précisément, dès *Sein und Zeit* Heidegger éprouve l'insuffisance du langage (*Sprachnot*) à exprimer le *sens* de l'être. Nous l'avons déjà suggéré : la

---

152 J. Beaufret souligne ce rôle inaugural de la différence de l'être et de l'étant dès *Sein und Zeit* et continuellement sous-jacent à la pensée de Heidegger d'un bout à l'autre : « le temps, dans le titre l'« Etre et le temps », sera le nom que va prendre la différence de l'être et de l'étant, telle que Heidegger s'efforce de la porter au langage, comme il aime à dire [...] la différence de l'être et de l'étant est, pour Heidegger, l'élément sous-jacent et pour ainsi dire agissant de la philosophie d'un bout à l'autre de son histoire, sans que cette distinction, ou cette différence ait jamais été, comme telle portée au langage », Beaufret, Jean, *Entretiens avec Frédéric de Towarnicki*, Paris, PUF, Epiméthée, 1984, p. 12.

Kehre de 1935 inaugure une nouvelle problématique et une quête occultées par *Sein und Zeit*, celle du *dire* de l'être, marquée par la volonté de trouver dans la langue même l'*ouverture* que justement le langage (instrumental et spatialisant) avait empêchée.

Cette quête revêt - nous l'avons vu également - diverses formes, passant par l'ontologie du mot « être » (*Einführung in die Metaphysik*) implicitement présent dans tous les mots de la langue et se dévoilant dans le retrait de soi, par l'étonnante donation / dispensation de l'être dans le retrait du mot condensée dans la formule *« Es, das Wort, gibt »*, suggérant que l'être se révèle une nouvelle fois dans la fuite perpétuelle qui le soustrait à toute saisie de l'esprit, le rendant simplement « digne d'être pensé » (*« denkwürdig »*), par l'*Ereignis*, l'avènement d'un mot qui, en nommant pour la première fois, fait advenir l'étant à son propre être comme *étant-ouvert*, par la *Sage* enfin, la langue poétique regardée comme maison de l'être (*« Haus des Seins »*) à laquelle il faut appartenir et cor-respondre sur le mode du « laisser-être » en se mettant à l'unisson du poème. L'ensemble de ces approches traduit en même temps une focalisation constante sur la langue (problématique du *dire* de l'être) comme pierre angulaire de l'ontologie (onto/logie), et la volonté farouche de trouver justement *dans* la langue et le langage l'*ouverture* que ce même langage avait empêchée, produisant le renoncement à l'ontologie fondamentale. En somme, l'ontologie de la langue est la radicalisation extrême d'une démarche - peut-être inaugurée par la phénoménologie - tendue tout entière vers l'ouverture, cette ouverture exemplifiée par la *différence ontologique*, que Heidegger s'efforçait - de son propre aveu - de porter au langage[153] (*Sein und Zeit* en est l'expression avortée), et qu'il a donc fini par quêter dans la langue, plus précisément, pensons-nous, dans le *texte* pris *comme totalité*.

Mais faut-il se demander : pourquoi au fond cette ontologisation de la langue dans et par le texte telle qu'elle se manifeste dans *Die Sprache* à grands renforts de stratégies d'écriture, et notamment par la textualisation du *Dasein* ?

3.3 Le « piège du signifié »

Il y a tout d'abord cette évidence aveuglante : sous peine d'être définitivement tu et relégué dans le néant philosophique, l'être doit se dire et *être signifié*, épinglé dans des mots renvoyant à des significations déjà existantes. En somme, le signifié - et la différence signifiant / signifié - est ce piège où nous sommes toujours déjà pris quoi que nous disions. Le signifié est ce qui *résiste* quand le signifiant se *désiste*, tel les pages écrites d'un livre, que l'on tourne et qui s'effacent au fur et à mesure que se constitue le sens. Le langage courant porte les stigmates de cette emprise du signifié : ne dit-on pas que les choses *recèlent* un sens ? Le *culte du signifié* est aussi sans doute l'aporie fondamentale qui nourrit - et mine - la métaphysique entière, bâtie sur des essences, des thèses toujours sous-jacentes (sub-sistantes), pressenties, et que le discours philosophique est justement censé révéler, creusant le paraître (signifiant) jusqu'à l'« être »

153 Le traitement de la notion centrale d'*« Unter-Schied »* dans *Die Sprache*, mais aussi dans bien d'autres écrits, les efforts que déploie Heidegger pour l'inscrire dans la langue, en sont un indice frappant.

supposé (signifié). Derrida formule bien cette aporie qu'il considère même comme spécifique à la philosophie : « le texte philosophique [...] comporte [...] précisément par sa spécificité philosophique, le projet de s'effacer devant le contenu signifié qu'il transporte et en général enseigne »[154].

C'est donc là l'obstacle crucial : même en détruisant la langue métaphysique (*Sein und Zeit*), même en tentant de mettre la langue à l'unisson de l'ouverture et en laissant le mot se *retirer* (donation de l'être dans le retrait du mot par le *« Es gibt »,* langue comme *Ereignis*, etc.), le discours philosophique se heurte à la *résistance irréductible* du signifié et à la différence ultime (sa / se), qui marque en quelque sorte ses limites. Toute pensée transite par cette différence, qui l'arrache au néant, mais qui, en même temps, l'écartèle entre son dit (signifié ou forme du contenu) et son dire (signifiant ou forme de l'expression). Inéluctablement la pensée se polarise dans la différence sa / sé, où s'engendre ce double mouvement inverse d'effacement du signifiant et de sédimentation du signifié, que nous nommons *piège du signifié.* En bref, c'est ce *circulus viciosus* où la pensée est prise par avance qui constitue l'*impensé* ultime, interdisant le séjour radical dans l'ouverture. Or, Heidegger, qui déjoue tous les pièges essentialistes et dénonce l'histoire de la métaphysique comme celle de l'oubli de l'être au bénéfice de l'étant, a pris, au fil de son cheminement philosophique, une conscience de plus en plus aiguë de cette ultime aporie qu'est le piège du signifié, qui ne peut être pensé, puisque toute pensée se trouve déjà prise en lui. Heidegger lui-même ne semble-t-il d'ailleurs pas faire dans *Unterwegs*

---

154 Derrida, Jacques, *De la Grammatologie*, Paris, Les Editions de Minuit, Collection « Critique », 1967, p. 229.

zur Sprache de frappantes allusions à ce piège du signifié ? Il écrit en effet à propos du questionnement de la langue :

> *Wenn wir bei der Sprache anfragen, nämlich nach ihrem Wesen, dann muss uns doch die Sprache selber schon zugesprochen sein. Wollen wir dem Wesen, nämlich der Sprache nachfragen, so muss uns auch, was Wesen heißt, schon zugesprochen sein [...] Anfrage und Nachfrage brauchen hier und überall im voraus den Zuspruch dessen, was sie fragend angehen, dem sie fragend nachgehen. Jeder Ansatz jeder Frage hält sich schon innerhalb der Zusage dessen auf, was in der Frage gestellt wird.*

> (Si nous interrogeons la parole, si nous questionnons son être [*Wesen*], alors il faut que la parole elle-même nous ait été préalablement adressée. Si nous voulons interroger l'être [*Wesen*], celui de la parole, alors il faut que nous ait été dit auparavant ce qu'être veut dire [...] La question qui s'avance 'vers' comme la question qui est 'après' quelque chose, ont besoin, ici comme partout, que s'adresse préalablement à elles ce vers quoi elles s'avancent et ce après quoi elles sont. Chaque amorce de toute question se tient par avance au cœur de ce qui est dit au moment même où est posée la question)[155]

Même en questionnant radicalement, nous sommes engagés dans ce partage, qui fait que nous renvoyons déjà à ce qui est en question et que présuppose la question elle-même. En somme la question coexiste nécessairement avec ce en direction de quoi elle questionne. Elle est d'entrée de jeu *pré-orientée* et vouée à s'annuler en tant que question, de la même façon que le signifiant est miné d'emblée par le signifié qui lui est coextensif et derrière lequel il s'efface inéluctablement. Le destin du questionnement et celui du signe sont en quelque sorte programmés dans leur nature même, qui est précisément de

155 *Unterwegs zur Sprache, Das Wesen der Sprache,* p. 175

faire signe vers autre chose qu'eux-mêmes, de se dédoubler et de s'aimanter sur le pôle résistant du signifié, qui les rend traîtres à l'ouverture. Comme l'écrit encore Derrida : « il faudrait rappeler que le sens de l'être n'est jamais simplement et rigoureusement un « signifié » pour Heidegger. Ce n'est pas un hasard si le terme n'est pas utilisé »[156]. Soit dit en passant : une occultation aussi ostensible et systématique du terme ne devrait-elle pas nous induire à penser que le « signifié » est bien l'*impensé* ultime ? C'est sans doute en ce sens que Daniel O. Dahlstrom écrit : « Eu égard à cette considération répétée et croissante pour la langue, l'affirmation que la langue resterait l'impensé de la philosophie de Heidegger, est bien radicale »[157]. Cette hantise et on pourrait dire, cette *horreur* du signifié, semble en tous cas bien manifeste chez Heidegger.

3.4 La conversion du signifié dans le signifiant

Or, quelle alternative à ce hiatus, si ce n'est un dit qui soit aussi son propre dire, un signifiant qui soit en même temps son propre signifié ? Pour mettre la langue à l'unisson de la fuite du sens, pour qu'elle « se joue » tout entière dans l'ouverture, il faut que le signifié résistant se désagrège et se résolve dans le signifiant. Bref, si l'on peut s'exprimer ainsi, le problème est d'inventer un type de *signe nouveau* (contrevenant à vrai dire à la nature même

---

156 *De la grammatologie, op. cit.,* p. 3.

157 Dahlstrom, Daniel, O., « La puissance de la pensée » in : *Penser après Heidegger*, Paris, Editions l'Harmattan, Collection La philosophie en commun, 1992, p. 28.

du signe), capable de s'auto-proférer et s'auto-signifier. Or, ce signe qui ne serait pas d'emblée noyauté par le signifié, ce signe *sans adhérences*, capable de séjourner radicalement dans le creux de l'ouverture de l'étant et de la différence ontologique, nous pensons que Heidegger le crée grâce à ce que nous baptisons la *conversion du signifié dans le signifiant*. C'est une telle conversion qui s'opèrerait précisément par le biais des signifiances dégagées : textualisation, contextualisation, virtualisation, destruction, elles-mêmes étayés par la textualisation du *Dasein*. Nous nous en expliquons.

Les différentes analyses nous ont montré que tous les renvois extérieurs, le référent au sens le plus large, étaient reconduits dans un tissu interrelationnel où tout se noue et se mêle, où tout se fait et se défait constamment, pour se volatiliser dans le virtuel ou s'engloutir dans le néant. Ce que nous suggère et nous enseigne le texte heideggerien, c'est que le signifié, s'il existe au départ puisqu'on se sert des mots d'une langue, est menacé à tout moment de *désagrégation*. La différence irréductible sa/sé se convertit en quelque sorte en différence à l'*intérieur du signifiant*. Dans *Die Sprache*, cette conversion du signifié s'opère de manière d'autant plus radicale que le tissu interrelationnel que constitue le texte est lui-même sans fin ni frontière : *tout* est mouvance et vice versa, cette mouvance est *tout*, jusques et y compris ses propres possibles et sa propre négation (référence négative). Ainsi, tout en étant pur éclatement, ce tissu interrelationnel tend à l'unidimensionnalité, il devient *signifiant absolu* qui ne signifie plus, mais se *montre* et renvoie sans fin à lui-même comme un jeu de miroirs. *L'univers sans profondeur du texte* et de la langue devient en quelque sorte univers tout court, où le signifiant déploie sa relation *circulaire* à lui-même dans un mouvement de surface indéfiniment reproduit. Encore une fois, si le texte s'enferre dans ce refrain monocorde (*« Die Sprache spricht »*), c'est moins pour affirmer une certitude que pour suggérer son impuissance à signifier, puisqu'il s'épuise en quelque sorte dans la reproduction graphique d'une formule, sans cesse réitérée sous des formes diverses (*die Sprache spricht, Sprechen der Sprache*, etc.).

Il n'est jusqu'à la dif-férence (*Unter-Schied*), notion-clé dans *Die Sprache* et dans l'œuvre du Heidegger tardif en général, qui ne renvoie sempiternellement et de façon circulaire à son propre « entre », refusant de se laisser *sous-tendre* par des supports concrets (sub-sistants), de s'incarner comme différence entre quelque chose et autre chose. La dif-férence ne signifie donc rien, en dehors de ce renvoi à elle-même, simplement montré dans cette fêlure scripturale qui stigmatise, au sens le plus littéral du terme, la différence du *signifiant à lui-même*. Le rôle-pivot de la dif-férence dans *Die Sprache* est d'ailleurs à notre avis *symptomatique* : elle stigmatise en quelque sorte scripturalement la conversion du signifié et sa reconduction dans le rapport sans fin du signifiant au signifiant, indiquant ainsi peut-être que le *texte entier* est - par irradiation - à lire dans cette optique.

En somme, plusieurs indices significatifs convergents suggèrent que le texte tend à illustrer la conversion du signifié dans le signifiant. En termes d'effets de sens, ce texte « aspire » à devenir dans sa totalité mouvance à l'état pur, à se nier radicalement comme signe à *double face*.

3.5 Le texte comme « dispositif monstratif »

Mais, nous dira-t-on, cette conversion du signifié a souvent été pressentie par l'exégèse heideggerienne, sans pour autant avoir été considérée comme une révolution copernicienne de l'écriture philosophique. Gadamer écrit par exemple :

> *Da sehen wir es doch alle, dass es Worte gibt, die wie ein bloßes Signal funktionieren (wenn auch manchmal das so signalisierte ein rechtes Nichts ist), und andere wieder, die - und das nicht nur im Gedicht - das selber bezeugen, was sie mitteilen.*
>
> (Mais tout le monde voit bien là qu'il existe des mots qui opèrent comme de simples signaux (y compris parfois quand ce qu'ils signalent est un authentique 'rien'), et d'autres mots - et pas seulement dans le poème - qui manifestent par eux-mêmes du message qu'ils communiquent)[158]

Il est chez Heidegger - nous dit Gadamer - des mots qui *signalent* et ne signifient pas. L'auteur remarque d'ailleurs fort justement que ce que ces mots signalent est un authentique « rien » (ce qui nous renvoie à la formule-leitmotiv *« Die Sprache spricht »*). Il est encore, écrit-il, des mots qui manifestent (*bezeugen*) directement ce qu'ils communiquent (*mitteilen*). Tout ceci suggère bien la destruction du signifié.

Derrida, serrant de plus près encore le nœud du problème, renchérit :

> Dès l'*Introduction à la métaphysique*, Heidegger renonce au projet et au mot d'ontologie. La dissimulation nécessaire,

158 *Ibid.*

> originaire et irréductible du sens de l'être, son occultation dans l'éclosion même de la présence, ce retrait sans lequel il n'y aurait même pas d'histoire de l'être [...] l'insistance de Heidegger à marquer que l'être ne se produit comme histoire que par le *logos* est n'est rien en dehors de lui, la différence de l'être et l'étant, tout cela indique bien que, fondamentalement, rien n'échappe au mouvement du signifiant et que, en dernière instance, la différence entre le signifié et le signifiant *n'est rien.*[159]

Ceci semble en concordance avec ce que nous avons développé plus haut : ce qui est pure ouverture ou retrait *ne peut être signifié*, le mot doit donc perdre son caractère de signe et en arriver à *montrer* l'être physiquement dans ce que Derrida appelle, sans le définir, le « mouvement du signifiant ». Le mouvement du signifiant, phénomène que nous avons baptisé *conversion du signifié* en insistant sur son autre versant, a souvent, sans être toujours explicitement nommé, du moins été identifié et localisé ça et là chez Heidegger, attribué par exemple à ses jeux langagiers qui ont souvent intrigué, tels la très étrange *biffure* de l'être ou encore l'omniprésent « *Unter-Schied* » (dont le fonctionnement complexe et subtil n'a pas, loin de là, toujours été saisi dans toutes ses nuances).

Cependant, ce qui nous paraît ressortir de notre étude et ce qui, espérons-nous, est *nouveau*, c'est que cette conversion n'est précisément pas, ou pas seulement, localisée ou ancrée dans des formules et des anomalies scripturales ponctuelles, mais qu'elle peut faire jouer l'*ensemble du texte* comme tissu relationnel, transformé de bout en bout en véritable *dispositif monstratif*, grâce à une panoplie impressionnante de procédés d'écritures aux

159 *Ibid.*, p. 36.

effets convergents. Pour échapper au piège du signifié, il ne suffit pas d'inscrire sporadiquement l'ouverture de l'étant à son être dans quelques formules disséminées qui programment leur propre retrait ou leur propre négation. Ces formules, du fait même de leur isolement dans un contexte discursif, sont tributaires de ce contexte qui, immanquablement, les *annexe* à son propos. Elles apparaissent ainsi comme amenées et construites, soit en définitive *signifiées*, et ceci alors même qu'elles n'aspirent qu'à dépasser le piège toujours reformé du signifié. Pour séjourner radicalement dans la mouvance du signifiant, il n'y a donc pas d'alternative : il faut donc que le texte dans sa *totalité* soit dispositif monstratif, apophantique de bout en bout, le côté du signifié n'y ayant plus aucun droit de cité.

De là, s'éclaire également peut-être la fonction de ce que nous avons qualifié de *textualisation* du *Dasein*. Heidegger ne pouvait sans doute transformer le texte *entier* en dispositif monstratif qu'en le rendant isomorphe au *Dasein* et à sa constitution de base, l'être-dans-le-monde, dont la structure est précisément foncièrement interrelationnelle et dynamique. Il est d'ailleurs symptomatique que le *Dasein* et l'être-dans-le-monde ne soient pas thématisés au niveau des contenus (signifié), mais qu'ils soient toujours manifestés au niveau de la forme (signifiant), on pourrait dire *scripturalisés* par Heidegger, qui calque l'organisation et les structures de son texte sur la constitution du *Dasein*, sans que rien ne se réfère jamais au concept de *Dasein* ou aux contenus de *Sein und Zeit*. Il y a même, à ce niveau, un retournement radical, puisque l'enracinement vertical du langage dans la facticité du *Dasein*, qui laissait intacte l'aporie centrale du dire de l'être, est ici retourné grâce aux signifiances du texte, suggérant que la facticité est ontologiquement *dérivée* : les paramètres discursifs servant à l'ancrage du texte dans le monde sont transformés en réseau kaléidoscopique de possibles discursifs du texte lui-même, qui n'apparaît jamais comme actualisé, mais actualise au contraire les configurations discursives préfigurées en lui.

En bref, s'il est permis de s'exprimer ainsi, le *Dasein* est « vidé » de sa facticité et Heidegger n'en exploite que l'interrelationnalité constitutive, particulièrement propre à favoriser l'inscription de l'ouverture de l'étant à son être en préservant la mouvance du signifiant au niveau du *texte* devenu dispositif monstratif. Dans ce dispositif apparemment sans faille ni lacune, même l'effet pervers parasite du discours philosophique « environnant » est mis hors de jeu. Plus rien ne paraît pouvoir indexer l'inscription de l'être à un propos hétéronome : le rapport du signifiant à lui-même semble pouvoir se refléter sans fin ni limite. On réalise ici pleinement que l'exploitation structurelle du *Dasein* par Heidegger n'est en rien l'indice d'un enlisement philosophique du Heidegger tardif, qui n'aurait, de fait, jamais dépassé *Sein und Zeit*. Elle sanctionne au contraire un dépassement sans appel de la conception du *Dasein*, qui s'était précisément désagrégée face à l'obstacle de la langue et au piège du signifié[160].

160 Il faut préciser que ce n'est peut-être pas un hasard si les structures du *Dasein* sont propres à être textualisées. La thèse a parfois été soutenue que Heidegger aurait pu concevoir le *Dasein* en s'inspirant du modèle fourni par l'interprétation herméneutique du texte (cf. par exemple : Wilson, Thomas, T., *Vom Textmodell als Martins Heideggers Denkmodell, eine funktionalistische Interpretation*, München, Verlag Karl Albert Freiburg, 1981). On retrouve notamment, entre autre analogies entre la méthode herméneutique et

la constitution du *Dasein* l'idée capitale de *contexte.* La compréhension, dès lors qu'elle est compréhension d'un texte, c'est-à-dire qu'elle est coupée des conditions limitées de la communication réelle entre deux interlocuteurs contemporains dialoguant effectivement, l'un posant des questions l'autre fournissant des réponses, est médiatisée par le contexte au sens le plus large : contexte proprement textuel dont on se sert pour réduire les ambiguïtés dues à la polysémie, mais aussi contexte situationnel, et au-delà contexte historique au sens large. Ceci rappelle donc la contextualité / historialité du *Dasein.* A ce propos, Paul Ricœur, traitant des caractères propres à toute herméneutique écrit, s'inspirant de Gadamer : « Ce qui sous-tend ces relations intersubjectives longues, c'est une transmission ou une tradition historique, dont le dialogue est seulement un segment. Par là l'explicitation s'étend singulièrement plus loin que le dialogue pour s'égaler à la connexion historique la plus vaste » (*Du texte à l'action Essai d'herméneutique,* Paris, Seuil, Coll. Esprit, 1976, p. 48).

La notion d'*ouverture* est, elle aussi, commune à la méthode herméneutique et à l'organisation du *Dasein.* Cette notion résulte de la place centrale du texte qui est le lieu privilégié de l'interprétation. Le moment du texte est important du fait que le sens qui y est inclus s'y est rendu autonome par rapport à la situation dialogique impliquant la co-présence *effective* des interlocuteurs. L'intention de l'auteur passe donc à l'arrière-plan, puisque celui-ci ne peut être questionné en retour et son intention vérifiée. De là, *toutes* les interprétations sont permises, l'interprétation devient *procès ouvert.* Ricœur écrit à ce propos : « Dans la mesure où le sens d'un texte s'est rendu autonome par rapport à l'intention subjective de son auteur, la question essentielle n'est pas de retrouver, derrière le texte, l'intention perdue, mais de déployer, devant le texte, le « monde » qu'il ouvre et découvre » (*ibid.*, p. 52)

L'ouverture et la virtualisation qui lui fait pendant (le monde se découvre à travers le texte, ce dernier n'étant habité par aucun sens caché qu'il s'agirait de retrouver) sont des données de base de la méthode herméneutique appliquée au texte, données qui rapprochent d'ailleurs cette méthode de la constitution du *Dasein,* dont l'une des caractéristiques fondamentales est qu'il n'est pas donné d'emblée

3.6 L'effacement de l'énonciateur philosophique

Mais cela précisément nous amène à aborder le problème de la conduite du procès signifiant qui est, dans le texte de Heidegger, largement *neutralisé*. C'est là toute la subtilité de cette écriture : le texte heideggerien ne se donne pas comme délibérément indifférent aux contenus. Il « continue » d'arborer l'allure d'un texte philosophique, certes original et démarqué des canons du genre, mais tout de même assez éloigné de la pure expérimentation langagière, qui se servirait délibérément du texte comme matériau plastique. En fait tout est en faux-fuyant : le texte se lit comme s'il déroulait le fil rouge d'une chaîne signifiante, et puis soudain ce fil se brise et le texte s'éclaire brutalement comme un espace constellé d'éléments tissés et interpolés en tous sens. Les

---

comme entité achevée, mais qu'il s'ouvre continuellement à son être dans le déploiement de ses possibles.

On pourrait mentionner encore d'autres aspects qui confirment cette parenté de filiations entre la conception herméneutique du texte et le *Dasein*, expliquant l'étonnante aptitude de ce dernier à être textualisé. Il faut cependant préciser que si cette filiation herméneutique est sans doute fondée, il est évident que la conception heideggerienne du *Dasein* ne saurait en aucun cas être un dérivé épistémologique du texte herméneutique. Bref, nous adhérons sans réserve à la thèse de Ricœur, qui énonce qu'il revient précisément à Heidegger d'avoir replacé la question de l'interprétation herméneutique (qui n'est au départ qu'une méthode pour mieux comprendre le monde et qui se situe strictement sur le terrain *épistémologique*) sur le terrain *ontologique*, et de lui donner ainsi un fondement : « [avec Heidegger] une question nouvelle se fait jour ; au lieu de demander : comment savons-nous ? On demandera : quel est le mode d'être de cet être qui n'existe qu'en comprenant ? » (*Ibid.*, p. 88).

significations amorcées sont ainsi reconduites et fondues dans ce flux. Par le biais de cette ambivalence entretenue, Heidegger ne laisse jamais pressentir qu'il construit un espace textuel artificiel, factice ou le non-sens même serait un *concept de départ* (comme dans le surréalisme par exemple, où la langue-chose est clairement exploitée par le genre : graphie, espaces blancs, etc.). Pour rester au creux de l'ouverture de l'étant à son être, il n'est pas question d'inaugurer la rupture du sens, de l'annoncer ou même de la laisser subodorer. En somme, il faut *occulter* tout présupposé philosophique et mettre en sourdine toute conduite métalinguistique des procédés mis en œuvre. Or, c'est bien ce que fait Heidegger avec ce texte, qui n'est tout entier qu'*oscillation*, équilibre instable, et évite de basculer carrément du côté du non-sens, qui, trop démonstrativement recherché et cultivé, constitue lui aussi un parti pris théorique. La langue qui se joue dans l'ouverture de l'étant ne fait pas l'impasse du sens : elle « flirte » avec lui, le laisse poindre pour le fluidifier à nouveau, dès qu'il feint de se cristalliser. L'*occultation* de la conduite *métalinguistique* des procédés utilisés et donc de l'instance autorale, très étroitement liée à la question de la conversion du signifié, est très finement menée pour produire et renforcer les effets mis à jour d'auto-signifiance et d'auto-performativité absolus, qui servent à leur tour un projet philosophique étonnamment cohérent. Dans son effort tendu vers l'expression de l'ouverture radicale de l'étant à son être, Heidegger produit un texte qui serait lui-même tout à la fois son propre *dit* et son propre *dire*, en dissolvant et relativisant systématiquement les paramètres énonciatifs / actualisants et les mécanismes patents de conduite du récit et de production contrôlée du sens. Ce faisant, il se distancie du statut omnipotent et omniscient de l'instance autorale philosophique dont parle Derrida, et qui va de pair avec le culte inconditionnel du signifié, ces deux facteurs étant - selon cet auteur - la marque distinctive de tout discours philosophique, du discours philosophique en tant que genre[161].

3.7 Un discours philosophique nouveau ?

Et précisément, il nous reste à voir comment les signifiances générées, la conversion du signifié, la dissolution de l'instance autorale et leur reconduction dans la mouvance du signifiant conditionnent et - à notre avis - entravent la *réception* du discours philosophique de Heidegger *en tant que discours philosophique* et permettent de jeter un regard peut-être nouveau sur la *production*, très particulière, du discours heideggerien en général.

Tout comme le culte du signifié, l'omniscience de l'instance autorale paraît être une constante du discours philosophique. On ne peut s'y méprendre, le sujet philosophique est omnipotent, comme l'attestent - dans les contenus même qu'elles thématisent - les philosophies strictement idéalistes (*ego* cartésien, etc.). Mais au-delà, la plupart des systèmes posent plus ou moins implicitement l'objet comme accessible à la connaissance - au moins sous conditions - ou du moins postulent-ils et érigent-t-ils en principe son caractère occulte et impénétrable (agnosticisme). Un sujet pensant, une *instance autorale souveraine*, contrôlent dans tous les cas le déploiement du

161 Derrida, Jacques, *De la Grammatologie, op. cit.*

processus signifiant. En somme, le philosophe est maître de son objet et il l'enseigne de façon unilatérale.

Ceci est à l'opposé de ce qui se passe en *littérature* où la production du sens est - cela est frappant dans la littérature moderne, par exemple, chez Joyce - production *conjointe* ou interactive du sens par l'auteur et le lecteur, et où cela est admis et avalisé comme faisant partie des caractéristiques inhérentes au genre. L'auteur assume en quelque sorte par avance cette « insuffisance » et la cultive même en réduisant ou en détruisant délibérément l'apport informatif, en suggérant son propre retrait et surtout en créant des œuvres volontairement ouvertes, incluant la multiplicité des lectures comme des « possibles » qui leur appartiennent. De là, bien sûr l'affranchissement de l'emprise de contenus et la libération de la forme en tant que telle ; de là aussi, la marge plus large laissée à l'*expérimentation*, à la pure esthétique langagière, à la déstructuration et restructuration incessante des canons et des genres.

Or les textes du Heidegger tardif ressemblent à tout cela. Ne parle-t-on pas chez lui d'un saut hors de la philosophie dans la poésie ? Ces textes ont en commun avec la *poésie* ce culte débridé du signifiant, cette occultation du signifié, et une (feinte) mise en sourdine de l'instance autorale souveraine censée gérer la production du sens, bref, ils sont aux antipodes des contraintes imposées par le genre même au discours philosophique. Au vu de cette « littérarité » très particulière du texte heideggerien, littérarité manifestement « motivée » par des enjeux philosophiques, on ne peut d'ailleurs s'empêcher de songer à Nietzsche et à l'exploitation philosophique du *Zarathoustra* (métaphore, fiction, récit, énonciation, etc., cf. *supra*). Les procédés sont différents, mais l'esprit est le même, il aspire à un « défigement » du discours philosophique reçu et avalisé.

Du même coup, concernant Heidegger, une sorte d'*obstacle épistémologique* se crée, qui fait que - considérant implicitement et plus ou moins consciemment qu'il est « sorti » du genre - on cherche moins à saisir la portée philosophique de l'écriture du Heidegger tardif, puisque l'auteur s'évertue lui-même à nous faire croire qu'il *renonce* à sa propre capacité à déployer le sens et s'abandonne apparemment *passivement* au jeu gratuit du signifiant (ce que fait aussi une certaine littérature moderne, dite « ouverte »[162]). Nous avançons pour notre part la thèse suivante : en osant la conversion du signifié et la dissolution de l'instance autorale philosophique souveraine, reconduits dans la mouvance apparemment immotivée du signifiant, Heidegger ne sort pas de la philosophie, mais il *élargit* son horizon. Il s'affranchit des *normes* du discours philosophique séculaire pour adopter une démarche, on pourrait dire une *attitude* philosophique radicalement nouvelle. Cette attitude marque une étape décisive dans le processus de *décentrage* par rapport à tous les acquis et présupposés, jusques et y compris ceux qui touchent au statut du philosophe et au type de discours qu'il profère, circonscrit par des normes expresses, lesquelles l'identifient précisément comme discours philosophique. Les présupposés bousculés par Heidegger sont sans doute précisément occultés du fait qu'ils interrogent les racines même de l'activité consistant à philosopher, lesquels étaient - pour cette raison même -

162 Cf. par exemple, Umberto Eco, *L'œuvre ouverte*, Paris, Editions du Seuil, Points, 1965.

restés jusqu'alors inquestionnés. Heidegger ne fait donc pas tardivement ce fameux « saut » hors de la philosophie qui fit couler beaucoup d'encre, mais il fait reculer les limites du questionnement philosophique au-delà des bornes qui jalonnaient jusque-là le champ du questionnement *possible*. En ce sens, la démarche de Heidegger s'inscrit bien, tout en la poussant à nos yeux bien plus loin encore, dans la brèche ouverte par Nietzsche dans le sens d'un renouveau radical du discours philosophique.

3.8 *Wege, nicht Werke* : le cheminement

C'est d'ailleurs cette même attitude radicale jusqu'au bout, sans concession aucune faite, ni au culte du signifié ou du sujet philosophe, ni aux contraintes du genre ou du discours ou même du statut consacré du philosophe, qui conditionne la production de l'œuvre de Heidegger. Le philosophe a souvent défini son œuvre comme *cheminement*. Il entendait, on le sait, signaler cette condition « nomade » de son œuvre en exergue de l'édition de ses œuvres complètes : *Wege, nicht Werke*. L'œuvre en somme n'est pas conçue en termes de produit achevé, d'ouvrages porteurs pour chacun d'eux d'une substance philosophique propre, les démarquant des autres ouvrages. Cette œuvre se décline au *singulier*, comme *procès en devenir*, création continuée où l'égrènement successif des ouvrages individuels, datés et répertoriés, n'a en définitive aucune importance. Soit dit encore une fois en passant : on songe ici immanquablement au *Zarathoustra* de Nietzsche qui, bien loin d'occuper une zone préalablement définie dans l'espace et dans le temps, n'en « finit » pas de s'écrire et se réécrire à travers l'ensemble de l'œuvre (cf. *supra*).

Bref, pour le philosophe qui entend se tenir radicalement au creux de l'ouverture, les limites de l'œuvre, qui *recèle* et retient un sens supposé, n'ont pas plus de raison d'être que le signifié, l'instance autorale infaillible, ou encore le statut du philosophe, inféodé d'emblée à un genre et à un type de discours. Il y a une indéniable *cohérence* entre tous ces moments qui reflètent tous, non pas une conception, mais bien une posture philosophique, définissable par une propension à ne vouloir *se tenir* nulle part, ni dans la pensée, ni dans l'œuvre, ni, à la limite, dans la vie. Il existe un fil conducteur entre l'écriture du Heidegger tardif, telle qu'elle se manifeste par exemple dans *Die Sprache*, et sa vision de l'œuvre comme production. C'est précisément ce fil rouge qui relie toutes les facettes de ce qu'on pourrait appeler le *phénomène* Heidegger qui peut rendre plus crédible sa recherche sans concessions de l'ouverture de l'être dans la mouvance du signifiant et les entrelacs du texte. Cette cohérence d'ensemble ne peut être que l'indice d'une conscience aiguisée de la problématique de l'ouverture, qui, comme elle imprègne d'un bout à l'autre la *vie et l'œuvre* de Heidegger, a pu aussi imprégner, d'un bout à l'autre et dans toutes ses dimensions, un *texte*. De la même manière qu'il conçoit son œuvre entière (déclinée au singulier) comme une démarche ouverte, effaçant les résultats et les acquis supposés que sont les œuvres plurielles, Heidegger fait aussi du texte entier (celui de *Die Sprache*) un procès ouvert d'où il s'efforce d'éradiquer tous les obstacles et toutes les stases qui s'opposent à l'ouverture. On pressent là indéniablement une orientation concertée et surtout dynamique et *volontaire* (inexplicable en termes d'abandon et de renoncement) qui sous-tend d'un bout à l'autre le projet philosophique de Heidegger.

4. Conclusions

Finalement, vue sous cet angle, la philosophie du Heidegger tardif ne serait rien moins qu'un repli désabusé dans une sorte de mysticisme du verbe. Sous les dehors d'une écoute passive de la langue, cette philosophie serait aussi quête active de l'*ouverture* de l'être, exemplifiée par la *différence* ontologique, une quête poussée, de surcroît, par-delà tous les présupposés les plus indéracinables car les plus proches et les aveuglants d'évidence. La conversion du signifié et la dissolution de l'instance autorale, reconduits dans la mouvance du signifiant, le décentrage par rapport aux postulats de base définissant le genre et le discours philosophique, sont les indices de l'acharnement de cette quête, menée à grands renforts de stratégies d'écritures pour produire un texte qui, en dépit de tous les obstacles philosophiques et épistémologiques, cherche par tous les moyens à se tenir *au plus près* de l'ouverture, et cela et quitte a s'affranchir de la forme même du discours philosophique et le terrain implicitement dévolu à la philosophie.

On pourrait certes avoir des réticences à concevoir que Heidegger, chantre de la langue comme « Maison de l'être » prêchant l'appartenance et l'abandon de l'homme à la langue, pourfendeur de la science linguistique et détracteur déclaré du métalangage, ait pu déployer sciemment une telle profusion de procédés pour montrer si subtilement l'être dans la langue et le texte. On pourrait aussi prendre pour un renoncement ou un aveu d'impuissance la répétition incantatoire du « même » dans les formules tautologiques qui saturent l'essai. Mais ce thème récurrent de l'abandon au « dict », très manifeste dans *Die Sprache*, n'est-il pas lui-même une *construction* extrêmement *sophistiquée* et l'aboutissement d'une démarche concertée et cohérente ? Bien sûr, abandon et renoncement sont présents dans *Die Sprache*, mais ils ne doivent pas être pris au premier degré ; ils sont simplement renoncement au *signifié*, au concept, au contenu thématisé, souvent réduits à leur plus simple expression (la tautologie), précisément pour servir de catalyseur et de révélateur à des signifiances qui se situent *en-deçà* de ce contenu. L'autre versant coextensif de ce renoncement au signifié et au concept est une *reconstruction*, on pourrait dire *scripturale* de l'ouverture / différence quêtée par Heidegger, une reconstruction dont toutes les composantes du texte, stratégiquement ordonnées, reproduisent le mouvement. Le philosophe ne suggère-t-il pas d'ailleurs lui-même les efforts qu'il fournissait et l'extrême méticulosité avec laquelle il ouvrageait et amendait sans cesse ses textes, pour tenter de rendre moins « impossible » la problématique qui le hantait, celle du *dire* de l'être : « il vaut la peine d'inlassablement surmonter les obstacles qui rendent facilement insuffisant un tel dire. Un obstacle de ce genre demeure également le dire de l'*Ereignis* sur le mode d'une conférence. Elle n'a parlé qu'en énoncés de propositions »[163]. Heidegger ne marque pas le pas face à

---

163 *Temps et être*, *Questions IV*, Paris, Gallimard, Nrf, Classiques de

l'insuffisance du *dire* qui avait produit l'échec de *Sein und Zeit.* Il n'affiche, à notre avis, cette insuffisance dans son discours aux allures redondantes et tautologiques, proche de l'incantation, que pour *mieux se libérer* du signifié et du cortège d'obstacles et d'apories philosophiques qu'il draine dans son sillage, afin de mieux « surmonter » (comme il l'affirme dans la citation ci-dessus) cette insuffisance foncière du dire. Le plasticien de la langue que fut Heidegger, celui dont Gadamer disait qu'il était capable de montrer la pensée et de la rendre palpable[164], a sans doute su, en modelant de toutes parts l'objet textuel qu'il ouvrage, lui faire *suggérer* au plus près ce qu'il quêtait.

Si la recherche de l'ouverture, la quête de l'*apérité*, fut sans doute pour Heidegger en quelque sorte la pierre philosophale qu'il interrogea d'abord dans le passé, questionnant longuement les racines de l'« Aléthéia » des penseurs antiques (le matin grec), si, comme l'écrit Marlène Zarader, « l'ouverture [...] constitue le dernier terme, et le plus mystérieux de la rétrocesssion »[165], tout suggère que nulle origine ne pouvait être suffisamment « dernière » pour ne point appeler un nouveau « pas en arrière », lequel devait fatalement se retourner sur lui-même pour dessiner un *horizon* ; l'idée même d'un recul, d'une rétrocession sans fin, appelait comme un écho celui

---

la philosophie, 1976, traduit de l'allemand par Jean Beaufret, François Fédier, Jean Lauxérois et Claude Roëls, p. 48.

164 *« Die Sache, um die es dem Denken geht, wie körperhaft wurde, rund, plastisch da »* (La langue dont se préoccupe la pensée devenait quasiment 'corporelle', d'une présence pleine et plastique) (Gadamer, Hans Georg, *Heideggers Wege, Studien zum Spätwerk*, Tübingen, J.C.B. Mohr (paul Siebeck), 1983).

165 *Heidegger et les paroles de l'origine, op. cit*, p. 58.

d'un *dépassement* sans fin, un dépassement non cumulatif, un dépassement coextensif à un retrait sempiternel de ce que l'on dépasse, retrait dont le lieu, après avoir été le plus *lointain* qui fût (les temps immémoriaux, des paroles oubliées), ne pouvait que redevenir le plus *proche* : le domaine de la langue qui *parle de l'être ici et maintenant.* « L''origine', écrit encore M. Zarader, vers laquelle la méditation heideggerienne rétrocède toujours davantage, lui apparaît comme n'ayant jamais été pensée [...] – *et pas même au commencement* »[166]. Cette origine reste donc toujours *à penser*. Ou plutôt : puisque tout passe par le parler, l'ouverture devait nécessairement se révéler *aussi* dans un parler « sans histoire », sans pesanteur, sans attaches, dans le présent évanescent d'une parole « délestée», dispensée de devoir signifier, de devoir renvoyer à ce qui existait et à ce qui existera, une voix en suspens, en « errance » entre un passé qui ne lie plus et un futur qui ne trace plus de routes et n'assigne plus de buts. Le même auteur écrit à propos de la pensée de l'*Ereignis*, qu'elle considère comme le second tournant de la pensée heideggerienne (*cf. supra*) : « L'*Ereignis* est bien quelque chose comme une trace, une origine dérobée, mais cette trace est susceptible de fonctionner selon une double orientation : elle est rétrospective et prospective »[167]. Bref, en même temps qu'un commencement, Heidegger n'a de cesse de chercher un *nouveau* commencement ; or, ce que nous pensons avoir sinon découvert, du moins corroboré textes à l'appui, c'est que ce nouveau commencement, cette trace qui renaît sans cesse de ses propres cendres, Heidegger l'inscrit (ou du moins la recherche dans un

---

166 *Ibid.*, p. 79.
167 *Ibid.*, p. 256.

mouvement sans fin) de manière toujours plus radicale, non plus dans la pensée, toujours distante de l'être, toujours prête à l'annexer, à l'épingler ou à le perdre de vue, mais dans ce à quoi l'être est le plus immédiatement présent : la parole où il se dit sans renvoi et sans truchement, dans les chatoiements d'une *texture* qui *a priori* ne veut rien dire, et qui pourtant se met à parler, à montrer, à suggérer.

Encore une fois, l'un des derniers lieux (il n'y a aucune raison pour qu'il y en ait un seul) encore peu exploré à notre avis où se joue la pensée de l'être pour Heidegger est le *texte*, pris dans sa capacité scripturale, *sémiotique, iconique* même, à montrer cet être, à le présentifier dans toutes ses oscillations et ses nuances sans lui faire subir les distorsions et les figements du concept et du signifié. Si l'on s'attarde sur lui pour le laisser parler au-delà de sa monotonie et de ses refrains monocordes, ce texte, étrange *sémaphore* philosophique, semble (ou peut-être faudrait-il dire « également » pour ne pas le « scotomiser » et ne lui ôter aucun de ses possibles !) vouloir propager en tous sens et en feu d'artifice - et donc toujours en marge des canaux signifiants convenus - ses *signes* et ses *signaux*, comme en attente d'improbables témoins.

Pour terminer, nous reprendrons tout de même une distance (qui fit sans doute défaut à beaucoup des exégètes de Heidegger) vis-à-vis de son entreprise, en rappelant prosaïquement les contingences discursives dont tout énonciateur est et reste prisonnier. En admettant que Heidegger ait ainsi pu composer un texte pour lui faire produire un tel faisceau de signifiances et d'effets de sens convergents, il n'en a pas moins - semble-t-il - laissé se *refermer sur lui* le piège du signifié qu'il cherchait par tous les moyens à contourner. Nul doute que le philosophe « travaille » magistralement la langue, faisant du texte, et qui plus est du texte *entier*, un dispositif qui inhibe et parasite la linéarisation du processus signifiant. En ce sens, son discours semble se positionner aux antipodes du langage instrumental et instrumentalisé, finalisé par les significations arrêtées, elles-mêmes épinglées aux phénomènes pour leur assigner des définitions et des catégories. Le modèle de ce langage instrumental n'est-il pas celui de la linguistique, précisément décrié dans *Die Sprache*, et présenté comme faisant contrepoint à une autre forme de « parler » de la langue, qui n'aurait, elle, aucune autre finalité que sa propre monstration ?

Mais, dira-t-on, la monstration de l'ouverture de l'étant à son être dans la langue ne devient-elle pas elle-même dès lors une démarche *orchestrée* par un énonciateur, mieux : par un énonciateur éminemment *stratège* qui joue du simulacre dans le but de générer les signifiances et effets de sens les plus propices à cette monstration ? Même si ces signifiances et effets de sens sont apparemment déployées en marge du contenu thématisé et du « sens » vectorisé par le texte, elles n'en constituent pas moins en quelque sorte un *autre langage*, reproduisant sur un autre plan le cercle vicieux qui semblait brisé : l'écartèlement sa / sé et la constellation énonciateur/ message/ destinataire. La quête de l'ouverture, si radicale fût-elle, n'est-elle pas une nouvelle fois trahie ? L'entreprise stratégique de Heidegger ne débouche-t-elle pas sur un *échec* ?

Nous répondrons que cela pourrait être effectivement le cas, si ce n'était que la notion même d'échec et son corollaire, la réussite, sont à nos yeux foncièrement étrangers à l'entreprise philosophique de Heidegger. Réussite et échec s'opposent aussi peu que la vérité s'oppose à l'erreur ou l'être au non-être, leur polarité, leur concurrence, tendant vers l'exclusive, est en rupture avec la vision globale que Heidegger nourrissait, dans sa philosophie comme en toutes choses ; leur caractère définitif (réussite ou échec) est incompatible avec l'ouverture qui était, nous espérons l'avoir montré, la vraie marque constitutive de la pensée heideggerienne. Heidegger n'aspirait à aucune *ultima ratio*, à aucun bilan. Il n'ignorait pas lui-même (sans doute pas plus que Nietzsche) les *contingences discursives* auxquelles il était fatalement assujetti. Mais, encore une fois, son propos ne pouvait pas être d' « arriver quelque part », mais d'« aller plus loin ».

Autre point qui retient l'attention : la sémiotique du texte heideggerien exploite magistralement toutes les ressources compositionnelles de la *langue allemande*. La capacité de l'allemand à la décomposition / recomposition lexicale, la productivité terminologique liée à cette capacité, sont des ressorts essentiels des effets de sens produits. Il en va ainsi des transferts sémantiques que nous avons évoqués à propos de l'organisation thématique de *Die Sprache*, des structures qui maillent le texte dans toutes ses dimensions, exploitant jusque dans ses dernières limites cette mobilité compositionnelle. De fait, sans la langue allemande, bien des effets textuels que nous avons cherché à mettre en évidence auraient été impossibles, à commencer par le phénomène central qu'est l'inscription, la scripturalisation de l'*Unter-Schied* (dont la traduction française « diff-férence » - qui n'est qu'un pis-aller - ne reflète aucunement les mécanismes), en passant par l'exploitation des paradigmes des *préverbes séparables*, et jusqu'à l'exploitation sophistiquée des caractéristiques très particulières des *groupes nominaux* de l'allemand. A coup sûr, il existe une liaison profonde, une affinité élective quasiment indéfectible (et qui s'accentue jusqu'à l'extrême chez le Heidegger tardif) entre la philosophie, l'écriture et les caractéristiques spécifiques de la *langue allemande*.

On n'épiloguera pas sur les conséquences de ces dernières observations qui pourraient faire l'objet d'une autre recherche. Une question essentielle soulevée par nos conclusions mérite pourtant d'être mentionnée, celle de la *traduction*. Si le texte heideggerien est dispositif monstratif opérant à telle enseigne en marge des canaux usuels de la production / réception du sens, dispositif dont de nombreux rouages s'articulent sur des caractéristiques sémiotiques / iconiques *non transposables*, et qui sont, par voie de conséquence, inopérantes dans d'autres langues que l'allemand, toute traduction de *Die Sprache* - et toute traduction de nombreux textes du Heidegger tardif - engendrent une perte de sens philosophique *irréparable* (ce qui n'est pas le cas, signalons-le en passant, des écrits de Nietzsche qui, tout en mettant en jeu des signifiances discursives sophistiquées, ne sont *pas ou peu* liés à la spécificité de la langue allemande).

Ceci nous renvoie au final au vertigineux paradoxe d'un penseur que l'on peut définir comme *penseur de l'ouverture*, qui acheva son parcours en ne cherchant plus cette ouverture que dans une *seule* langue. Du même coup, les longues discussions autour de la « traduisibilité » qui ont marqué l'histoire de l'exégèse heideggerienne (multiples versions françaises de *Sein und Zeit*, abondantes gloses et doutes interprétatifs accompagnant la traduction des écrits tardifs, etc.) trouvent en quelque sorte une explication dans cette *consubstantialité* d'une philosophie et d'une langue (consubstantialité dont la portée dépasse sans doute de beaucoup ce que l'on pressentait jusque-là).

Ontologie de la langue ! Pourrait-on risquer, au terme de cette étude la formule : « ontologie de la langue *allemande* » ? Peut-être la formule est-elle trop radicale puisque le texte heideggerien libère aussi des effets de sens d'ordre discursif non liés à la langue ; quoiqu'il en soit le jugement de valeur implicite ou même le soupçon qui pourrait peser sur une philosophie qui finalement « ne s'exporte pas » tombe par lui-même. Une pensée indéfiniment adaptable, qui se fond sans résister dans tous les moules, n'est-elle pas par définition prédestinée au figement, ne confine-t-elle pas par nature au stéréotype ? Une pensée voulue « universelle » n'est-elle pas, en dépit du cosmopolitisme polyglotte qu'elle affiche *prima facie*, bien plus *infidèle* à l'ouverture que cette autre pensée, qui fut celle de Heidegger, pensée pourtant presque « terrienne », chevillée au départ à un parler unique et à ses accents, mais qu'elle réussit - par un miraculeux retournement - à transcender et à sublimer, transformant tous ces liens solides, ces filiations contraignantes et presque lourdes de glèbe (dont nous ne contestons par ailleurs nullement les effets déplorables qu'ils aient pu avoir sur certaines prises de position de Heidegger) en une oscillation, en une *fuite d'être*, en virtualités impalpables, arc-boutées contre la forclusion et le repli sur soi.

La pensée du dernier Heidegger : une pensée très commentée et très incomprise, qui s'extrait longuement et difficilement de sa crypte langagière aux mille facettes et aux mille mystères, même si elle est monolithe. A l'opposé des cosmopolitismes et universalismes prompts à tout diluer dans un lavis uniforme, indifférents à la langue puisqu'ils manipulent toutes les langues, la pensée de Heidegger, d'autant plus attentive à s'ouvrir que tout semble la prédisposer au repli, veille constamment et jalousement sur *sa* langue et sur *son* inscription *continuée* dans la différence et l'ouverture. On pourrait peut-être aller jusqu'à dire que l'ontologie de la langue telle que l'entendait Heidegger était vouée à ne pouvoir s'articuler que dans *une seule* langue.

Quoi qu'il en soit, de la même façon que dans son *Zarathoustra* Nietzsche - sous forme de signifiances essentiellement discursives - met en abyme son vitalisme philosophique dans l'écriture qui véhicule ce vitalisme, Heidegger propose avec *Die Sprache* un texte qui est - principalement grâce aux signifiances sémiotico-structurales qu'il dégage - comme le *miroir* et le corollaire philosophique indispensable de la pensée de la différence et de l'ouverture. Pour jouer sur des supports langagiers et tout en poursuivant des objectifs philosophiques très différents, la *spécularité* philosophique du texte heideggerien traduit de toute évidence une conscience suraigüe de l'aporie du « dire » philosophique.

III. Epilogue : de Nietzsche à Heidegger, la spécularité philosophique, une révolution copernicienne ?

Pour finir, nous reviendrons en guise d'épilogue sur un rapprochement déjà évoqué dans la présentation de cette étude, sur cette étonnante *dynamique* que Nietzsche insuffle au discours philosophique millénaire, sur cette *performation* du vouloir que constitue *Zarathoustra*, afin de les mettre encore une fois en regard d'un enrichissement apparenté, quoique très différent, dont Heidegger gratifia un demi-siècle plus tard l'écriture philosophique.

Il y a au centre de la philosophie de Nietzsche ce « moteur » qu'est la « volonté de puissance », qui pousse à philosopher et à créer sans cesse des « valeurs », lesquelles valeurs, y compris si elles relèvent du nihilisme (la métaphysique entière, la religion, etc.), se succèdent et se supplantent les unes les autres sous l'impulsion de la volonté de puissance. Il n'y a pas de vérités, ils y a seulement des *perspectives*, génératrices de valeurs qui sont des sous-produits dérivés, des émanations du *vouloir,* c'est bien ce que Nietzsche réitère en substance tout au long de son œuvre.

De la même façon, chez Heidegger, la « différence » être-étant (et le questionnement permanent qui l'anime et lui interdit de se figer sur l'un ou l'autre de ces pôles) est sans doute, à son insu, le « moteur » de la métaphysique, poussant celle-ci à accumuler successivement des thèses sur l'être qui se supplantent elles aussi les unes les autres. Comme l'écrit Beaufret : « La différence de l'être et de l'étant est, pour Heidegger, l'élément sous-jacent et pour ainsi dire agissant de la philosophie d'un bout à l'autre de son histoire »[168]. Un étant particulier, le *Dasein*, s'efforce, sans vraiment penser cette différence, de définir son propre « être » comme « autre chose » que ce qu'il est lui-même ici et maintenant. La différence ontologique se manifeste ainsi tout au long de l'histoire de la philosophie comme une opposition entre une présence et un au-delà. Le « vrai » est soit ce qui est là immédiatement, soit ce qui n'est pas là, mais personne avant Heidegger n'avait envisagé que ce « vrai » puisse être justement une *tension irréductible* entre les deux : systématiquement, la différence ontologique fut réduite à l'unicité[169].

---

168 Beaufret, Jean, *Entretiens avec Frédéric de Towarnicki*, Paris, PUF, Epiméthée, 1984, p. 12.

169 L'histoire de la métaphysique et de la philosophie se résume à cela : un étant est *pris pour* l'être. Heidegger a reconnu cet état de fait, mais il n'a, comme nous avons en tenté de le montrer, pas résolu définitivement un problème qui ne pouvait d'ailleurs pas l'être. Après Heidegger - et c'est toute la philosophie de Heidegger lui-même qui semble le suggérer - la philosophie continue cette *rumination* sans fin d'une chose qu'elle ne pourra jamais « digérer ». Les « chemins » évoqués par le philosophe dans sa célèbre formule *« Wege, nicht Werke »* ne traversent pas seulement ses propres œuvres ; ils font signe également vers d'autres œuvres que celles de Heidegger, vers toutes les œuvres *possibles* à venir. Mieux : la vocation de la philosophie est peut-être justement cette éternelle échappée hors de ses cadres et de ses résultats, son avenir (et sa réussite) un constat d'échec toujours renouvelé.

Même si cela est un peu moins explicite chez Heidegger[170], les deux philosophes auraient donc en commun une démarche *généalogique* qui les pousse, non à s'inscrire tacitement dans le champ préconstitué de la philosophie, mais plutôt à *questionner ce champ*, à remonter des résultats visibles à la source invisible, y compris (et sans doute surtout) en interrogeant l'activité même qui consiste à philosopher. L'un et l'autre sont en quelque sorte à la recherche - non d'une quelconque vérité - mais bien de la *causa efficiens* qui anime toute philosophie et la pousse justement à énoncer des « vérités » (ou à nier leur possibilité) ; il faudrait sans doute dire en l'occurrence : des « pseudo-vérités » résultant d'une méprise : l'*étant pris pour l'être* dans le cas de Heidegger, la *valeur prise pour la vérité* dans le cas de Nietzsche.

Autre point commun : tous deux ont une conscience aiguisée du caractère inéluctablement *spéculaire* de leur entreprise philosophique. C'est sans doute là aussi un corollaire de leur vision généalogique : Nietzsche aussi bien que Heidegger assument pleinement dans leur *propre* pratique philosophique les suites qui découlent de leur philosophie. Ils admettent que leur philosophie, loin d'être un fruit inquestionné et inquestionnable, sorte de *fiat* discursif hors contingences, puise son origine dans *autre chose* qu'elle-même, et cet « autre chose » *dépasse* en quelque sorte leur capacité d'expression. La volonté de puissance et la différence ontologique, comme elles animent inconsciemment de l'intérieur toute philosophie, *agitent* aussi respectivement - consciemment cette fois - la

170 Bien que la quête de l'origine (le « matin grec ») soit une constante de son œuvre.

philosophie de Nietzsche et de Heidegger. Cela peut certes paraître paradoxal dans la mesure où guette le danger de réduction par l'absurde[171], mais les deux philosophes ne conçoivent pas leur propre activité comme *fons et origo* irréfragable du « vrai » ; ils admettent en quelque sorte que cette activité puisse n'être que produit passager (et donc forcément plus ou moins fortuit) d'une « mouvance » (qu'elle soit vitale ou ontologique) qui la *déborde* de toutes parts. En somme, leur philosophie est *reflet* ; elle donne tout au plus un *aperçu* de ce dont elle parle ; elle *effleure* l'être au passage, mais elle en est d'une certaine façon à chaque fois *dessaisie* ; elle ne peut ni ne prétend le détenir ou le posséder. Le dernier Heidegger, dont on sait à quel point il s'était détaché de tout projet d'ontologie fondatrice, se considérait sans doute lui-même - sans en être dupe - comme le *jouet* d'une différence vouée à toujours lui *échapper* d'une pirouette. Il ne pouvait (et ne voulait) saisir la différence (à travers des mots, des signifiances, etc.) que pour la relâcher aussitôt, suivre le mouvement sans fin de cette division cellulaire, la suivre du regard sans pouvoir (ni vouloir) la fixer. Nietzsche, quant à lui, ne voyait dans son perspectivisme qu'*une nouvelle* perspective projetée sur le monde et les choses. Son perspectivisme professé sur le plan théorique devait fatalement rattraper et en quelque sorte invalider chacune de ses affirmations. Il en était à nos yeux pleinement conscient : philosopher ne pouvait (et ne devait) signifier pour lui que *s'inscrire dans cette perte*, qui est finalement consubstantielle à la vie, laquelle n'est elle-même rien d'autre que dépense, déperdition, substitution.

171 On pourrait effectivement se demander quel crédit peut-être ajouté à une philosophie qui ne prétend pas dire le vrai.

C'est d'ailleurs sans doute parce que ces philosophes *se regardent* à ce point philosopher, parce qu'ils sont conscients de la relativité de leur propre discours, qu'ils sont à ce point conscients des limites, mais aussi des ressources du *médium* qu'ils utilisent : le langage humain, une langue particulière. L'aptitude à produire du sens de manière conventionnelle ne suffit pas à leurs objectifs car ils savent bien qu'elle instaure une limite arbitraire, qu'elle impose à la pensée philosophique un *paradigme*, un système de coordonnées particulier, alors qu'il en existe des milliers. Le *décentrage* multiple qu'ils opèrent, par rapport à eux-mêmes en tant que philosophes, par rapport au type de discours et de textes qu'ils sont censés proférer et produire, par rapport aux possibilités et aux limites de la langue même qu'ils utilisent, tout cela les prédispose en quelque sorte à vouloir signifier « autrement », à faire parler les mots et le texte par d'*autres* canaux, à cultiver des espèces et des genres inconnus sur les terres de la philosophie avalisée.

L'écriture philosophique « ordinaire » une fois prise en défaut, l'*expérimentation* foisonne. Tout se passe comme si la *façon de dire et d'écrire* la philosophie, devait refléter *le plus possible* et par le plus *grand nombre* possible d'aspects la philosophie qui est ainsi *dite et écrite*[172]. La philosophie de Nietzsche, « traversée » de toute éternité par la volonté de puissance dont elle est elle-

172 Cela afin que cette philosophie se dise plus fort, plus complètement : Nietzsche aurait sans doute pu imaginer mille autres moyens que l'écriture afin de « performer » sa philosophie ; Heidegger, celui que Gadamer qualifiait de « plasticien du langage » n'aurait-il pu *peindre* sa différence ontologique, ou la faire vivre dans des pendules aux mouvements complexes ?

même (consciemment) une manifestation dérivée, un *reflet*, ne pouvait que s'inscrire dans un discours délibérément *vital* s'épuisant dans la performation proliférante de la *vie* qu'il veut *incarner* dans toutes ses facettes et toute sa diversité profuse. La philosophie de Heidegger, « traversée » de toute éternité par la différence ontologique, indéfiniment reconduite sous diverses formes; une différence dont elle est elle-même, en toute conscience, une sorte de sous-produit aléatoire, finit par s'inscrire dans toutes les facettes d'un *texte mis en oscillation*[173].

Or, cette *spécularité* ne va nullement de soi dès lors qu'on parle de philosophie. Si l'on y prend garde, force est de constater que la philosophie fait traditionnellement un usage immodéré de ce que Perelman appelle « argument autophage », à savoir qu'elle s'*exclut* implicitement du champ d'application des principes qu'elle pose. Si la vocation de la philosophie est d'éclairer les fins dernières (ou l'absence de fin dernières), elle doit se positionner « en surplomb » de tout le reste. Nous l'avons dit : le discours philosophique cherche forcément à faire oublier sa propre contingence. Or, Nietzsche et Heidegger ont à quelques décennies d'intervalle *questionné radicalement* cette loi d'airain.

On pourrait peut-être à ce stade se demander si un rapprochement serait permis avec la trop célèbre *révolution copernicienne* menée par Kant. Plutôt que de prétendre

173 A l'image de la fameuse *« Unter-Schied »*, mise en oscillation par Heiddegger, de sorte qu'elle ne peut jamais s'incarner comme différence entre une chose et autre chose, mais reste prisonnière d'un jeu de *va-et-vient* qui la renvoie de l'un l'autre de ses termes, de part et d'autre de sa propre *fêlure* interne (*Unter/Schied*)

connaître immédiatement les objets, Kant se demanda à quelles conditions le sujet pouvait connaître. Par rapport à ce que l'on pourrait appeler le « gnoséocentrisme » qui caractérisait la philosophie de son époque (les objets sont accessibles directement), l'effort de *décentrage* opéré par Kant fut un virage décisif. Il fut d'une certaine manière le premier philosophe à se *regarder penser l'être* ; sa démarche n'est pas exempte d'une forme de spécularité. Nietzsche et Heidegger ont, à nos yeux, franchi une étape supplémentaire capitale dans cette démarche centripète initiée par Kant ; on pourrait dire pour reprendre la formule antérieure qu'ils *se regardent discourir en pensant l'être*. Kant avait reconnu dans sa critique les limites du *sujet* ; au-delà de ce constat, Nietzsche et Heidegger reconnaissent les limites du *médium mis à la disposition de ce sujet* pour philosopher.

Nietzsche fait de Zarathoustra une *performance langagière*, Heidegger fait du texte de *Die Sprache* un *dispositif monstratif* où la volonté de puissance, la différence ontologique, se révèlent de manière pour ainsi dire « holophrastique » (les même entités textuelles et discursives « signifient » de plusieurs manières). Texte et discours sont en somme des prismes « multiface » qui *reflètent* bien sûr symboliquement une pensée au niveau de l'idée, mais qui *reflètent* aussi cette pensée en la signalant (d'une manière parfois proche de la figuration « plastique » ; cf. la notion de *« Unter-Schied »*, ou encore la « biffure » de l'être chez Heidegger), grâce à une foule de moyens « signifiants » alternatifs (énonciation, caractéristiques discursives, métaphoricité, littérarité, structures textuelles, parasitages syntaxiques, tabularité, iconicité, etc.). Pour Kant, le *sujet seul* était contingent, pour Nietzsche, les *moyens discursifs* dont dispose ce sujet font également question, pour Heidegger s'y rajoutent le *lexique* (néologismes), la *syntaxe* (détournements) et le *texte* (structures) ; mais si ces paramètres sont interrogés en raison de leur *déficience*, ils le sont toujours également de façon corrélative en raison de leurs *potentialités*.

Avec ce nouveau *décentrage spéculaire*, on pourrait sans doute parler d'une *seconde* révolution copernicienne qui agite l'histoire de la philosophie en *rapprochant* encore deux philosophes qui furent, par cet aspect-là aussi et plus encore qu'on ne soupçonnait, d'incomparables *pionniers* et de *proches parents* en philosophie.

Bibliographie

Magid Ali-Bouacha, « De l'*Ego* à la classe des locuteurs : lecture linguistique des Méditations », *Langages n° 119, L'analyse du discours philosophique*, Paris, Larousse, septembre 1995, p. 79-94.

Babette E. Babich, « On Nietzsche's concinnity » in: *Nietzsche-Studien*, Bd 19, 1990, p. 59-80.

Jean Beaufret, *Entretiens avec Frédéric de Towarnicki*, Paris, PUF, Epiméthée, 1984.

Emile Benveniste, *Problèmes de linguistique générale*, Paris, Gallimard, II, 1974.

Eric Blondel, *Nietzsche, le corps et la culture*, Paris, PUF, Philosophie d'aujourd'hui, 1986.

Serge Botet,

- « L'écriture métaphorique dans le Zarathoustra de Nietzsche », in : Gilbert Merlio (ouvrage collectif coordonné par G. Merlio), *Lectures d'une œuvre, Also sprach Zarathoustra*, Paris, Editions du Temps, 2000. p. 207-221.

- *L'ontologie de la langue chez le dernier Heidegger*, Strasbourg, Presses Universitaires de Strasbourg, 2010.

Klaus Brinker, *Linguistische Textanalyse, eine Einführung in Grundbegriffe und Methoden*, Berlin, Erich Schmidt Verlag, Grundlagen der Germanistik, 4. Auflage, 1997 (1985).

Daniel O. Dahlstrom, « La puissance de la pensée », in : *Penser après Heidegger*, Paris, Editions l'Harmattan, Collection La philosophie en commun, 1992.

Gilles Deleuze, *Nietzsche et la philosophie*, Paris, Quadrige / PUF, 1962.

Oswald Ducrot, *Dire et ne pas dire, principes de sémantique linguistique.* Paris, Hermann, Savoir, Sciences, 1991.

Frédéric Cossuta,

- *Eléments pour la lecture des textes philosophiques*, Paris, Bordas, 1989.
- « Argumentation, ordre des raisons et mode d'exposition dans l'œuvre cartésienne », *Descartes et l'argumentation philosophique,* Paris, PUF, 1996, p. 111-185.

Jacques Derrida, *De la Grammatologie*, Paris, Les Editions de Minuit, Collection Critique, 1967.

Oswald Ducrot, *Le dire et le dit, Les Editions de Minuit*, Propositions, 1984

Umberto Eco,

- *L'œuvre ouverte*, Paris, Editions du Seuil, Points, 1965.
- *Les limites de l'interprétation*, Paris, Bernard Grasset, Biblio / Essais, 1992.

Nicole Everart-Desmedt, *Sémiotique du récit*, Bruxelles, De Boeck Université, Prismes Méthodes 8, 1988.

Didier Franck, *Heidegger et le problème de l'espace*, Paris, Les Editions de Minuit, 1986.

Hans Georg Gadamer, *Heideggers Wege, Studien zum Spätwerk*, Tübingen, J.C.B. Mohr (Paul Siebeck), 1983.

Hans-Martin Gauger, *« Nietzsches Stil am Beispiel von Ecce homo »*, in: *Nietzsche Studien, internationales Jahrbuch für die Nietzsche-Forschung*, Bd 13, 1984, p. 332-355.

Volker Gerhardt, *Pathos und Distanz, Studien zur Philosophie Friedrich Nietzsches*, Stuttgart, Reclam, 1988.

Jean Granier, *Le problème de la vérité dans la philosophie de Nietzsche,* Paris, Seuil, 1966.

René Girard, *La violence et le sacré*, Paris, Grasset, 1987 (1972).

Algirdas Julien Greimas, *Sémantique structurale*, Paris, PUF, Formes Sémiotiques, 1986.

Algirdas Julien Greimas, Joseph Courtés, *Dictionnaire raisonné de la théorie du langage*, Paris, Hachette Université, I, 1979.

Jean Greisch, « La *Gesamtausgabe* les œuvres complètes », in: *L'Herne - Martin Heidegger*, Ed. de l'Herne, 1983.

Wolfram Groddeck, *« Die 'Neue Ausgabe' der 'Fröhlichen Wissenschaft »*, *Nietzsche-Studien, Internationales Jahrbuch für die Nietzsche-Forschung*, Berlin, New York, Walter de Gruyter, Bd. 26, 1997.

Ernst Ulrich Groβe, *Text und Kommunikation*, Stuttgart, Berlin, Köln, Mainz, Verlag W. Kohlhammer, 1976.

Jean-François Jeandillou, *L'analyse textuelle*, Paris, Armand Colin, 2007 (1997).

Lothar Jordan, *« Nietzsche Dekonstruktionist oder Konstruktivist »*, *Nietzsche-Studien, Internationales Jahrbuch für die Nietzsche-Forschung*, Bd 23, 1994, p. 226-240.

Claude Hagège, *L'homme de paroles, contribution linguistique aux sciences humaines*, Paris, Folio Essais, 1985.

Martin Heidegger,

- *Sein und Zeit*, Halle, 1927, Tübingen, Max Niemeyer Verlag, 12ème édition, 1972.

- *Einführung in die Metaphysik*, Tübingen, Niemeyer, 1953.
- *Unterwegs zur Sprache*, *« Das Wort »*, Tübingen, Neske, 4ème éd., 1971.
- *Temps et être*, *Questions IV*, Paris, Gallimard, Nrf, Classiques de la philosophie, 1976, traduit de l'allemand par Jean Beaufret, François Fédier, Jean Lauxérois et Claude Roëls.

Arion L. Kelkel, *La légende de l'être, langage et poésie chez Heidegger*, Paris, Vrin, 1980.

Catherine Kerbrat-Orecchioni, *L'implicite*, Paris, Armand Colin, Linguistique, 1986.

Dominique Maingueneau, « L'énonciation philosophique comme institution discursive », in Langages n° 119, *L'analyse du discours philosophique*, Paris, Larousse, septembre 1995.

Henri Meschonnic,

- *Le signe et le poème*, Paris, Gallimard, Nrf Le Chemin, 1975.
- *Le langage Heidegger*, Paris, PUF, 1990.

Wolfgang Müller-Lauter, *« Nietzsches Lehre vom Willen zur Macht »* in: *Nietzsche-Studien, Internationales Jahrbuch für die Nietzsche-Forschung*, Bd 3, 1974, p. 43.

Alexander Nehamas, *« For whom the Sun shines »*, in: Volkert Gerhardt (Hg.), *Also sprach Zarathustra*, Berlin, 2000, p. 165-190.

Friedrich Nietzsche, *Nietzsches Werke, Kritische Gesamtausgabe*, Herausgegeben von Giorgio Colli und Mazzino Montinari, Berlin, De Gruyter & Co 1968 ff.

Platon, *Théétète, Parménide*, Traduction, Notices et Notes par Emile Chambry, Paris, Flammarion, 1967.

Alain Rabatel, *Une histoire du point de vue,* Recherches textuelles n° 2, publication du Centre d'études linguistiques des textes et des discours, Université de Metz, 1997.

François Rastier, *Sens et textualité*, Paris, Hachette, langue, Linguistique, Communication, 1989.

Paul Ricœur, *Du texte à l'action Essai d'herméneutique,* Paris, Seuil, Coll. Esprit, 1976.

Jean-Paul Sartre, *L'Etre et le néant, essai d'ontologie phénoménologique*, Paris, Gallimard, 1943.

François Schanen, Jean-Paul Confais, *Grammaire de l'allemand, formes et fonctions*, Paris, Nathan Université, 1986.

François Schanen, *Modules de grammaire allemande, I. Morphosyntaxe*, Paris, Nathan Université, 1992.

Josef Simon, *« Ein Text wie Nietzsches Zarathustra »*, in: Volker Gerhardt (Hg), *Also sprach Zarathustra*, Berlin, Akademie Verlag, Klassiker Auslegen, 2000, p. 225-256.

Werner Stegmaier, « *Anti-Lehren, Szene und Lehre* », in: Volker Gerhardt (Hg) *Also sprach Zarathoustra*, Berlin, Akademie Verlag, Klassiker auslegen, 2000, p.191-224.

Thomas, T. Wilson, *Vom Textmodell als Martins Heideggers Denkmodell, eine funktionalistische Interpretation*, München, Verlag Karl Albert Freiburg, 1981.

Marlène Zarader, *Heidegger et les paroles de l'origine*, Paris, Vrin, Bibliothèque d'Histoire de la Philosophie, 1986.

Table des matières

Présentation **7**

Problèmes de méthode **13**

1. La notion de « signifiance » **13**

2. Discours « fondateur » et discours « constituant » **15**

3. Difficultés et solutions **17**

I. Le *Zarathoustra* de Nietzsche **21**

1. Le renouveau du discours philosophique **22**

1.1 La réhabilitation du « discours » en tant que philosophème 22

1.2 Signifiances et effets métadiscursifs 24

1.2.1 « Métadiscours » et « présupposé discursif » 24

1.2.2 *Ecce homo* : la rétrospection 28

1.2.3 Une innovation philosophique : le « discours-récit » 34

1.2.3.1 Le « retrait énonciatif » 36

1.2.3.2 Le retrait énonciatif comme philosophème 39

1.2.3.3 « Défilé de masques » et « métaphore énonciative » 41

1.2.3.4 « corps logocisé » et retrait énonciatif 43

1.2.3.5 La parole « corporéisée » 44

1.3 Bilan : le *Zarathoustra* comme réhabilitation « discours » en philosophie 48

2. *Zarathoustra* comme « performance » philosophique .. **55**

2.1 Méthode et hypothèses 55

2.1.1 Illocution directe 58

2.1.2 Illocution indirecte 59

2.2 La prépondérance de la fonction appellative 62

2.3 La transmission du vouloir. L'appel comme parabole du vouloir 72

2.4 Le « trope communicationnel » au service du vouloir ... 76

3. Conclusions **78**

II. Heidegger : *Unterwegs zur Sprache* 81

1. La langue-être (*ontos/logos*) 81

2. Le texte de *Die Sprache*..90
2.1 Organisation thématique...90
2.2 Caractéristiques syntaxiques 100
2.3 Structures textuelles 107
2.4 Aspects énonciatifs / discursifs 112
2.5 Textualisation, contextualisation, virtualisation, destruction 120

3. Horizons philosophiques 121
3.1 Le texte et le *Dasein* : isomorphismes de structure............121
3.2 La textualisation du *Dasein* et l'« ouverture » de l'étant à son être...127
3.3 Le « piège du signifié » 131
3.4 La conversion du signifié dans le signifiant 134
3.5 Le texte comme « dispositif monstratif » 137
3.6 L'effacement de l'énonciateur philosophique.......................142
3.7 Un discours philosophique nouveau ?.................................144
3.8 *Wege, nicht Werke* : le cheminement 147

4. Conclusions..149

III. Epilogue : de Nietzsche à Heidegger, la spécularité philosophique, une révolution copernicienne ? 159

Bibliographie 167

L'HARMATTAN, ITALIA
Via Degli Artisti 15; 10124 Torino

L'HARMATTAN HONGRIE
Könyvesbolt ; Kossuth L. u. 14-16
1053 Budapest

L'HARMATTAN BURKINA FASO
Rue 15.167 Route du Pô Patte d'oie
12 BP 226 Ouagadougou 12
(00226) 76 59 79 86

ESPACE L'HARMATTAN KINSHASA
Faculté des Sciences sociales,
politiques et administratives
BP243, KIN XI ; Université de Kinshasa

L'HARMATTAN GUINEE
Almamya Rue KA 028, en face du restaurant Le Cèdre
OKB agency BP 3470 Conakry
(00224) 60 20 85 08
harmattanguinee@yahoo.fr

L'HARMATTAN CÔTE D'IVOIRE
M. Etien N'dah Ahmon
Résidence Karl / cité des arts
Abidjan-Cocody 03 BP 1588 Abidjan 03
(00225) 05 77 87 31

L'HARMATTAN MAURITANIE
Espace El Kettab du livre francophone
N° 472 avenue du Palais des Congrès
BP 316 Nouakchott
(00222) 63 25 980

L'HARMATTAN CAMEROUN
BP 11486
Face à la SNI, immeuble Don Bosco
Yaoundé
(00237) 99 76 61 66
harmattancam@yahoo.fr

L'HARMATTAN SENEGAL
« Villa Rose », rue de Diourbel X G, Point E
BP 45034 Dakar FANN
(00221) 33 825 98 58 / 77 242 25 08
senharmattan@gmail.com

607765 - Mai 2015
Achevé d'imprimer par

1livre.com
du rêve à la réalité !